# 日本文化を世界へ

## 中小企業のソフトな海外展開



日本政策金融公庫総合研究所 編

# はしがき

本書は、日本の文化や生活スタイルを反映させた「日本ならでは」の製品やサービスを海外展開する中小企業の取り組みをまとめたものである。

人口減少に伴い国内需要の減少が懸念されるわが国では、企業が業績を維持、拡大するための手段として、海外展開に期待が寄せられている。かつては輸出や対外直接投資の中心は製造業であったが、近年は小売業やサービス業といった内需型の非製造業にも海外に進出する動きが広がってきた。さらに、大企業だけでなく、中小企業のなかにも主体的に海外に出ていく企業がみられる。業種、規模いずれの面でも海外展開する企業の裾野は広がっている。

また、最近ではクールジャパン戦略のように、国や自治体においても日本の魅力を海外に発信したり、外国人観光客を誘致したりする取り組みが活発になっている。実際に訪日外国人の数は増えており、コロナ禍に入る前の2019年には過去最高を記録した。日本ならではの製品やサービスを嗜好する外国人も多い。世界における日本の注目度は高まっているといえるだろう。

こうした潮流は、中小企業にとって大きなチャンスとなり得る。日本らしい製品・サービスのなかには、市場がニッチであったり、ビジネスが労働集約的であったりすることで、スケールメリットが働きにくいものが多くある。それらは、小所帯である中小企業の得意とする分野であろう。国内で磨いた技術を生かし、海外で活躍することが期待できる。そこで日本政策金融公庫総合研究所は、日本ならではの製品やサービスを「芸術・工芸品」「食」「生活様式」「エンターテインメント」の四つに分け、それぞれの分野で海外展開している中小企業を3社ずつ、合計12社にヒアリング調査を実施した。

本書は2部構成である。第Ⅰ部の総論では、わが国の海外展開の歩みを振り返ったうえで、事例企業を海外展開の動機に応じて「市場代替型」「市場創出型」「機会発見型」の三つに分類し、直面した課題、得られた成果を分析した。執筆は当研究所研究員の篠崎和也が担当した。第Ⅱ部の事例編では、事例企業の取り組みの詳細をインタビュー形式で紹介している。取材と執筆は篠崎のほか、主任研究員の笠原千尋、山崎敦史、研究員の西山聡志、青野一輝、星田佳祐、白石健人が担当した。編集については、㈱同友館の神田正哉氏をはじめ編集部の方々にご尽力いただいた。何より、本書で紹介した企業の経営者や従業員の皆さまには、ご多忙にもかかわらず取材に快く応じていただいた。貴重なお話を聞かせてくださったことに感謝申し上げたい。

経営資源が潤沢とはいえない中小企業にとって、言語や文化が異なる海外にビジネスを広げることは簡単ではない。それでも、12社の事例企業は、地道に現地を調査し、自社の製品やサービスを供給するために知恵を絞り、時には外部の協力を得ながら困難を乗り越えてきた。そして、今なお挑戦し続けている。海外展開の成果は自社内にとどまらず、取引先や同業者といった周辺にも波及していることがわかった。一社一社の企業規模は大きくなくとも、海外展開する中小企業が層として厚みを増せば、日本の経済力の底上げにつながる。世界に打って出て活躍する中小企業に期待したい。

2023年9月

日本政策金融公庫総合研究所

所長　大沢　明生

# 目　次

## 第Ⅱ部　事例編

事例一覧

# 第Ｉ部
# 総論

## 独自の視点で
## 海外市場に活路を見いだす

日本政策金融公庫総合研究所
研究員　篠崎 和也

# 第1章 新たな海外展開への歩み

## 1 海外展開による効果

わが国の人口は、2008年をピークに減少傾向にあり、今後も減少は続くとされている（図Ⅰ-1）。国内市場の成長にはどうしても限界があり、企業間で少ないパイを奪い合う厳しい競争の構図が強まっていくことは間違いない。国内の事業だけでは、企業が成長するのは容易ではなくなってきている。

他方、海外に目を向けると、人口増加と経済発展により、今後の市場成長が見込める国もある。すでに成熟した先進国の経済においても需要の多様化や細分化によってビジネスチャンスが生まれる。企業が成長するための手段として輸出や対外直接投資といった海外展開に寄せられる期待は大きくなってきている。

では、海外展開によって得られる効果にはどのようなものがあるだろうか。期待される効果として主に二つの側面がある。

図-１　わが国の人口と名目GDPの推移

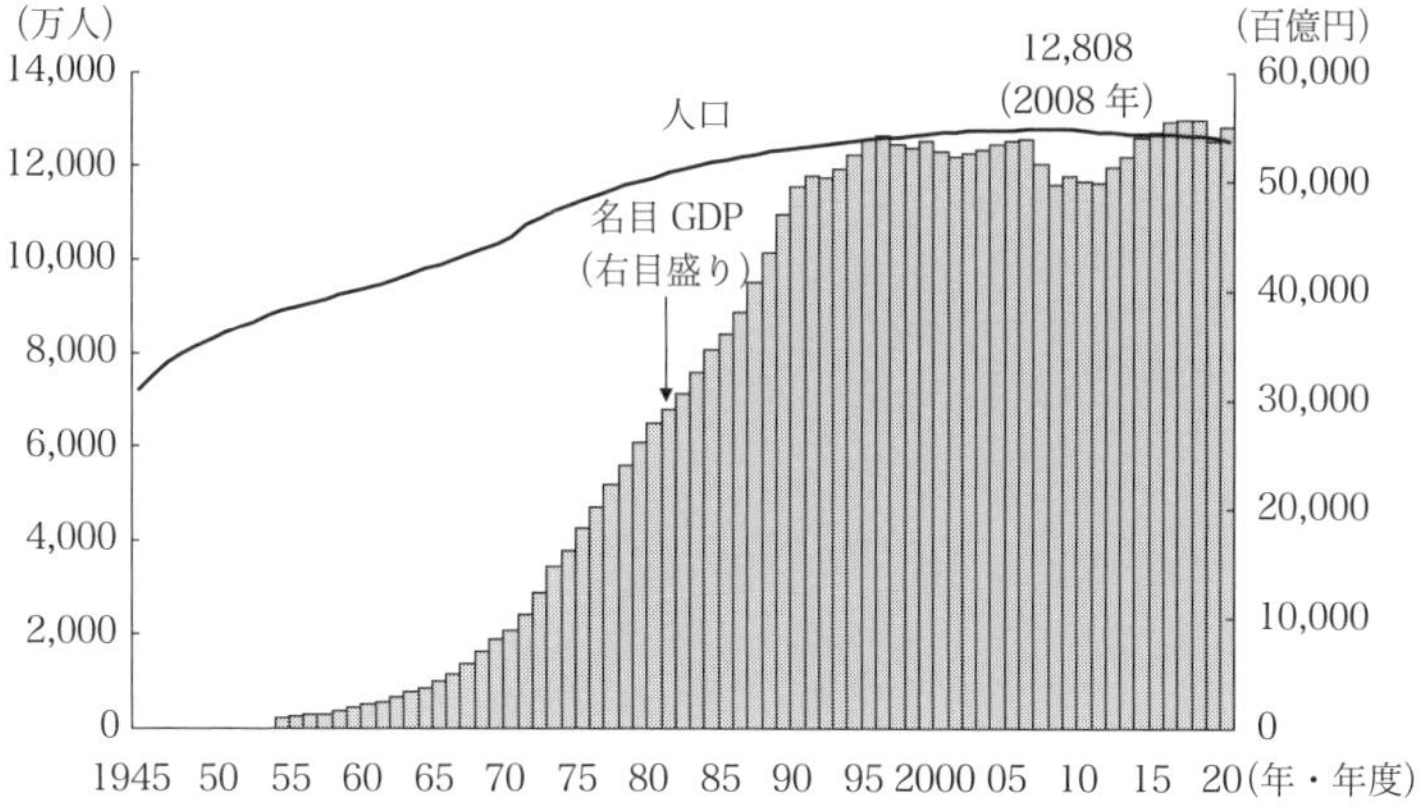


資料：総務省「人口推計」、内閣府「日本経済2022-2023」
（注）１　人口は各年10月１日時点。
　　　２　名目GDPは年度。
　　　３　1954年以前の名目GDPは公表されていない。

一つは、海外需要の獲得である。海外に販路を拡大することで市場規模が広がり、国内だけで取引をするよりはるかに売り上げを増加させることが可能である。

もう一つは、コストダウンである。国内に比べて安価な労働力を獲得したり、為替相場が有利なタイミングで海外に設備投資を実施したりすることで、経営資源の調達コストを抑えることができる。生産コストを低く抑えることができれば、価格競争力が増す。

そして、この二つの側面は必ずしも二律背反とはならない。例えば、生産コストの低いアジアでつくった電気自動車部品を脱炭素意識が高い欧州の完成車メーカーに輸出するといった具合いに、両面の効果を得ている企業は少なくない。海外展開の方法や企業規模、国内外の経済情勢が違えば、二つの側面に対する期待の濃淡は異なるだろう。こうした点を踏まえ、日本企業の海外展開についてその立ち位置や得られた効果など、現在に至るまでの歴史を振り返っていきたい。

## 2　国内で完成させた工業製品を輸出

第2次世界大戦後、資源の乏しい日本は、原材料を輸入し、それらを国内で加工、製品として輸出することで経済を発展させてきた。

まず、主力となったのは、繊維産業である。戦後、物資が不足する国内に生活必需品である衣服を提供しつつ外貨を得ることを目的に、政府は「繊維産業再建三カ年計画」を策定し、繊維産業の設備投資が進んだ。1950年には、繊維製品の輸出額が輸出全体の4割を超えるほどになった（森ほか、1993）。また繊維産業以外にも、国は「傾斜生産方式」を採用し、鉄鋼や石炭といった基幹産業に資材や資金を重点的に配分した。こうしたなか、外国の技術や最新の設備の導入が進められ、素材だけでなく機械を含めた重工業が台頭した。大企業は生産能力を拡大するため、中小企業の下請化を進めた。

日本が好景気を迎えた１９５０年代後半になると、国内では白黒テレビ、洗濯機、冷蔵庫の三種の神器に代表される耐久消費財の量産が進んだ。さらに、１９６０年代になると新三種の神器であるカラーテレビ、クーラー、自動車の３Ｃが普及するなど耐久消費財の量産は一層進んだ。乗用車の国内生産をみてみると、１９６０年には約16万台だったが、１９７０年には約３１０万台と10年間の間に急成長したことがわかる（ＯＥＣＤ経済統計）。この間、大企業による海外への輸出も増加していった。例えば、トヨタ自動車の輸出台数は１９５０年代後半に６０００台程度だったが、１９６０年代後半には40万台に達し、１９７６年には１００万台を突破するに至った（トヨタ自動車ホームページ）。日本の自動車輸出台数が世界でトップとなったのは2年前の１９７４年である（有沢ほか、１９９４）。

自動車に限らずこうして輸出される製品は当初、低価格を売りにしたものだったが、技術開発や高度な産業機械の導入などにより品質や性能が大きく向上した。電機メーカー大手のソニーは、１９５７年に世界最小のトランジスタラジオを開発するなど欧米と比べても高い技術力を誇るようになっていった。携帯カセットプレーヤーの「ウォークマン」シリーズの生産台数は第1号機を発売した１９７９年から10年で累計５０００万台を超えた（ソニーホームページ）。こうして高性能、高品質ないわゆる「メード・イン・ジャパン」のイメージの礎が築かれていった。戦後から高度成長期にかけて、自動車や家電といった国内で完成させた工業製品を輸出することが、わが国の経済成長を大きく後押ししたことがわかる。

## 3 生産拠点の海外移転

大企業による輸出が大きく増加した後は、工場を現地に建設するなどの直接投資も拡大していった。高付加価値製品を製造して国際競争力を高め、輸出を増大させたことに伴い、米国など対日貿易が赤字となった国と貿易摩擦が生じるようになってきたからである。

貿易摩擦への抜本的な対策として、輸出を代替するかたちで生産拠点を現地に設ける動きが広がった。進出相手国にとっては、国際収支の改善や雇用機会の創出につながる。日本企業にとっても、現地ユーザーの近くで生産することにより、ニーズがくみ取りやすくなったり、アフターサービスがしやすくなったりと、ブランドイメージの向上につながるメリットがある。自動車や家電の大手メーカーを中心に米国や欧州などの現地需要を取り込もうと現地に生産拠点を置く日本企業が増加した。ほかにも価格の割に体積が大きな大型家電など輸送費がネックとなっていた製品では、現地生産することで競争力が高まるケースもあった。

また、円高の進行も対外直接投資が増加する追い風となった。１９７３年２月に固定為替相場制から変動為替相場制に移行すると、もともと1ドル300円台だった円は、翌月末には265円に上昇し、それ以降も同年はおおむね260円台で推移するようになった。その後、1985年に日本、米国、英国、フランス、ドイツの主要5カ国がドル高の是正に向けて協調することで一致したプラザ合意を発表すると、円高は一層進み、1987年4月以降は1ドル150円以下の値が定着していった。日本企業にとって、輸出の価格競争力は低下した一方、海外拠点での原材料費や人件費、工場の建設費などは円換算で安くなっていった。

対して、1990年代から大企業の間で盛んになるアジア地域への進出は、欧米への進出と目的が異なる。主な目的は低廉な労働力の獲得による生産コストの削減である。アジアの新興諸国でも徐々にインフラの整備と工業化が進み、生産拠点を設けやすい環境になってきたことも、日本企業のアジア進出を後押しした。アジア諸国の多くは米ドルと相場連動性が強い通貨制度を採用していたことから、やはり円に対して安くなっていた。もともと日本に比べて、人件費が低かったところに為替相場の影響が加わり、一層低廉な労働力の確保につながった。日本では採算が取りにくい製品でも製造が可能になるなど生産コストの削減効果は大きかった。

こうしたコストダウンを目的とする生産拠点のアジア移転は、円高が落ち着いた1990

年代後半以降もしばらく続くことになる。低コストで生産された製品は、世界各国へ輸出、あるいは日本へ逆輸入された。中小企業が下請けを担うことにより国内で完成していた分業体制は、広くアジア地域をカバーする国際分業体制へと変化していったのである。動きは当初、大企業によるものが中心だったが、コストダウンを目的とする直接投資の潮流は中小企業にも広がった。大企業が生産拠点を移転させるのに伴い、その要請を受けて、あるいは自発的に追随して直接投資に踏み切る中小企業が増えていく。

さらに2000年代に入ると、日本企業のアジア進出に新たな目的が加わっていく。現地需要の獲得である。すでに先進諸国のメーカーが進出し、さまざまな工業製品を生産していた中国は「世界の工場」と呼ばれるようになっていたが、それによる経済成長が同時に中国の国内市場を世界で最も将来性あるマーケットに押し上げていった。先進諸国の自動車や家電メーカーが中国市場に押し寄せる。そうした動きは、中国に続いて経済発展が進む東南アジアや南アジアの国々のマーケットにも広がっていく。日本の中小企業でも現地市場の開拓を目的とする対外直接投資が増えていった。

日本政策金融公庫総合研究所（以下、当研究所）が実施した「中小製造業設備動向調査」の結果から、海外設備投資の目的の構成比をみると、2005年度実績で15・7％だった「現

## 図-２　中小製造業の海外設備投資の目的の推移

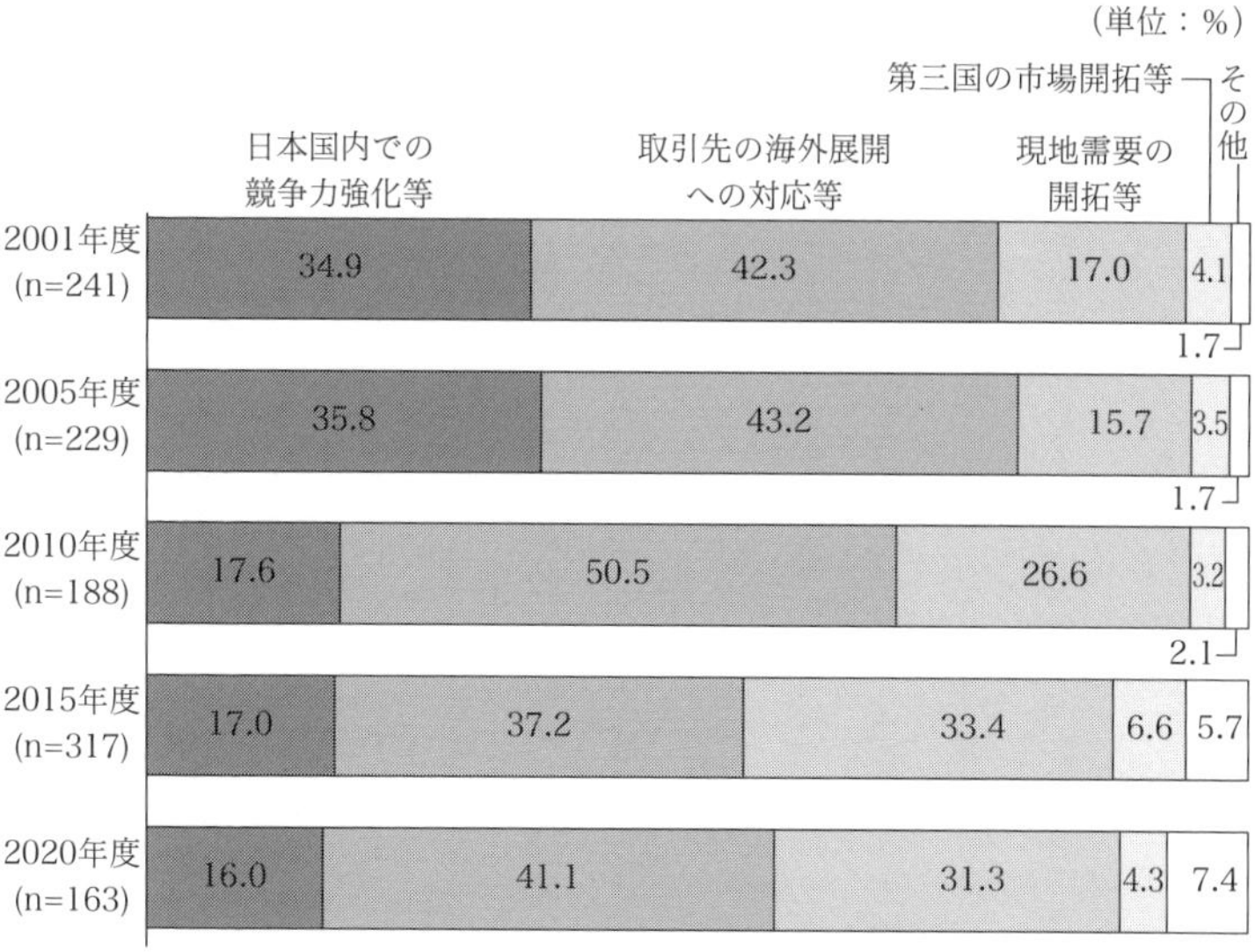


資料：日本政策金融公庫総合研究所「中小製造業設備投資動向調査」
（注）１　当該年度に設備投資した国のうち、投資額が最も大きい国について最も主要な投資目的を回答してもらっている。
２　「その他」以外の系列名はそれぞれ次の選択肢を略して表示したもの。「日本国内での競争力を強化するため、あるいは国内需要の拡大に対応するため」「主力取引先の海外展開、あるいは現地生産の拡大に対応するため」「現地需要を開拓するため、あるいは現地需要の拡大に対応するため」「第三国に市場を開拓するため、あるいは第三国需要の拡大に対応するため」。

地需要の開拓等」が２０１０年度実績では26・６％に増加している（図－２）。

一方、「日本国内での競争力強化等」を目的とする企業の割合は２００５年度実績では35・８％だったが、２０１０年度実績では17・６％まで減少した。進出先の国で生産した製品を日本へ逆輸入するといったコスト削減が目的の投資から、現地の需要獲得のための投資へと目的が変化していることが読み取れる。

同じく当研究所が実施した「日本企業の海外展開とその影響に関するアンケート」では、初めて海外投資を行ったときの目的と調査時点（2012年8月）での目的について14の選択肢のなかから最も重要なものを三つまで選んでもらっている。当初と調査時点のいずれにおいても「人件費の削減」「原材料・部材の調達コストの削減」「新規の取引先・市場の開拓」の三つが上位を占めていたのは変わらない。ただし、「人件費の削減」が当初の34・6％から26・5％に減少したのと対照的に、「新規の取引先・市場の開拓」は42・1％から54・2％に増加している。図1-2の調査と同様に、海外への直接投資の目的が低廉な労働力の確保から現地市場の開拓へと移っていることを示す結果である。

ここまで述べた対外直接投資の動きをまとめてみると、①貿易摩擦の激化に対応した大企業による欧米での現地生産、②安価な労働力を求めた大企業による生産拠点のアジア移転、③大企業の動きに呼応した中小下請け製造業のアジア進出へと変遷し、21世紀に入ってからは、④大企業、中小企業ともに経済発展を遂げる新興国の現地需要の獲得を目的とするものへと変化を遂げてきたといえる。

2010年に名目国内総生産（GDP）の規模が日本を抜き世界第2位となった中国では

図-３　中国の平均年間賃金の推移

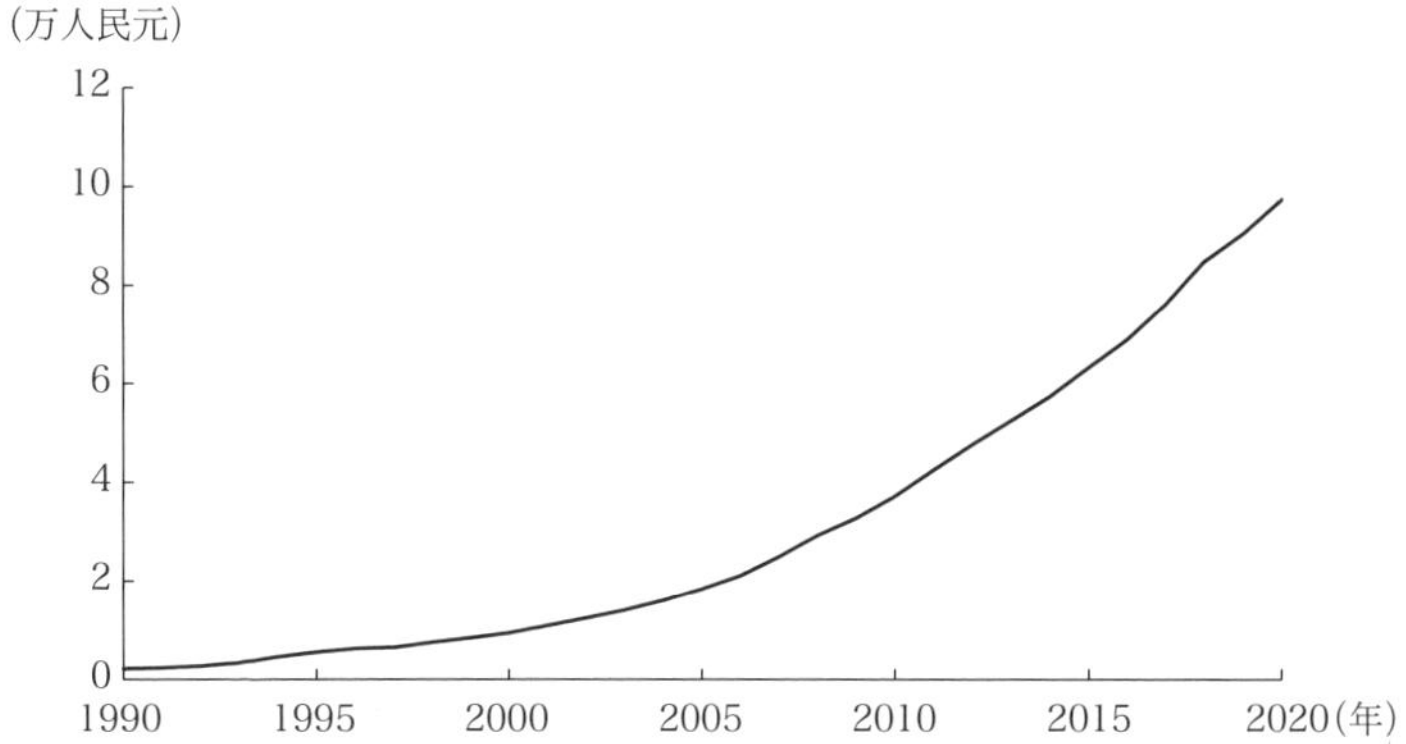


資料：中国国家統計局「中国統計年鑑」
(注)　都市部の非私営企業（Urban Non-Private Units）の平均年間賃金。

人件費の上昇が著しい（図-３）。すでに中国拠点における生産コストの削減は期待できない状態となり、中国に続く東南アジア諸国、南アジア諸国もいずれ同様の状況になっていくことが容易に想像できる。新興諸国への企業進出の目的がコストダウンから現地市場の開拓へとシフトする大きな流れが変わることはないだろう。

## ４　ソフトな海外展開の広がり

その後の海外展開の動きをみていく前に、国内外の経済状況に触れる必要がある。日本経済は戦後復興から高度成長期などを経て拡大を続けてきたが、１９９１年のバブル崩壊以降は一変し、長期にわたり停滞することとなった。GDPや消費支出は伸び悩んでいる。冒頭の図－1のとおり、人口減少から将来の市場拡大も見込みにくい。個別の財やサービスに限ればともかく、パイとしての国内需要が拡大を続ける状況は望めなくなってきた。そうしたなかで、今まで輸出や対外直接投資の中心であった製造業だけでなく、内需産業である非製造業のなかにも海外に目を向ける企業が増えてきた。

他方、著しい成長を遂げた中国などの新興諸国では、購買力のある人口が増加している。国内市場が拡大する一方、高い購買意欲をもった人たちの需要に対する供給は質、量ともに追いついていない。そのことを示す現象はわたしたちの身近でも起きている。2010年前後から訪日中国人が日本の製品を一度に大量購入する、いわゆる「爆買い」が広がり、2015年には流行語大賞を受賞するほどになった。購入されるものは、炊飯器や温水洗浄便座といった家電、医薬品や化粧品、キッチン用品や紙おむつといった日用品が中心だった。家電などの耐久消費財だけでなく、消耗品である非耐久消費財についても日本製品の品質や機能性の高さが支持を得ているのである。

新興国においては需要の拡大に加えて、産業構造の変化も起きている。経済が発展、成熟していくのに伴って、経済活動の重点が農林水産業の第1次産業から、製造業の第2次産業、サービス業を含む非製造業の第3次産業へと移っていくことが知られている。経済産業省（２０１６）は、世界銀行の定義により、世界各国・地域を所得水準に応じて五つにグループ化（ＯＥＣＤ加盟の高所得国、ＯＥＣＤ非加盟の高所得国、上位中所得国、下位中所得国、低所得国）しＧＤＰに占めるサービス業のシェアの推移をみた結果、上位中所得国に当たる新興国でサービス業のシェアが急速に高まっていると指摘している。特に中国では、２０１５年に第1次産業から第３次産業までの付加価値額の合計のなかで第3次産業の割合が50％を超えた。２０００年の約40％から45％まで上昇するのに12年かかったのに対して、45％から50％まではわずか3年で到達している。ＯＥＣＤ加盟高所得国である日本の70％には及ばないものの、サービス化が著しく進んでいることが示されている。

すでに経済が成熟した先進諸国に目を向けると、サービス経済化の動きはさらに広がっている。先述の爆買いの対象となった非耐久消費財のなかには、種類が豊富で細くて書きやすいボールペンや切りやすく食器につきやすい調理用ラップなど欧米先進国でも人気になっている日本製品が多く含まれている。

外食大手の吉野家は、すでに１９７５年に米国で海外1号店を出店しており、海外展開の歴史は長いが、今世紀に入ってからの店舗数の推移をみると、２００1年の１６８から

2022年には974と大きく数を増やしていることがわかる（吉野家ホールディングスホームページ）。日本の牛丼「ビーフボウル」を軸にしつつ、地域ごとに特別メニューをつくるなど現地のニーズに合わせることで人気を獲得している。また、衣料品販売大手のユニクロは、2001年に英国に初出店し、2020年には世界で1400を超えるほど店舗数を拡大させた（ファーストリテイリングホームページ）。機能性の高い製品や豊富なカラーバリエーションが人気となっている。

需要の量が満たされている成熟した先進諸国においても、サービス経済化の進展に伴う需要の多様化や細分化など、需要の質的変化に対応するものとして、日本の品質の高い製品が受け入れられている。

新興国における需要の拡大、世界的なサービス経済化の進展という海外の動きをみると、家電や自動車とは異なる、小売業やサービス業を含む非製造業が手がけるいわゆるソフトな製品・サービスにおいて現地の需要を獲得する余地は大きいといえる。

ここで、経済産業省の「海外事業活動基本調査」から海外現地法人の企業数の推移をみていきたい（図Ⅰ-4）。今世紀に入ってしばらくは製造業の法人数が多かったが、両業種の差は縮まっていき、2007年度には非製造業が製造業を上回った。それ以降も非製造業の海外進出は増え続け、直近の2020年度は、製造業の法人数1万1070社に対して非製造

**図-４　海外現地法人数の推移（業種別、国・地域別）**

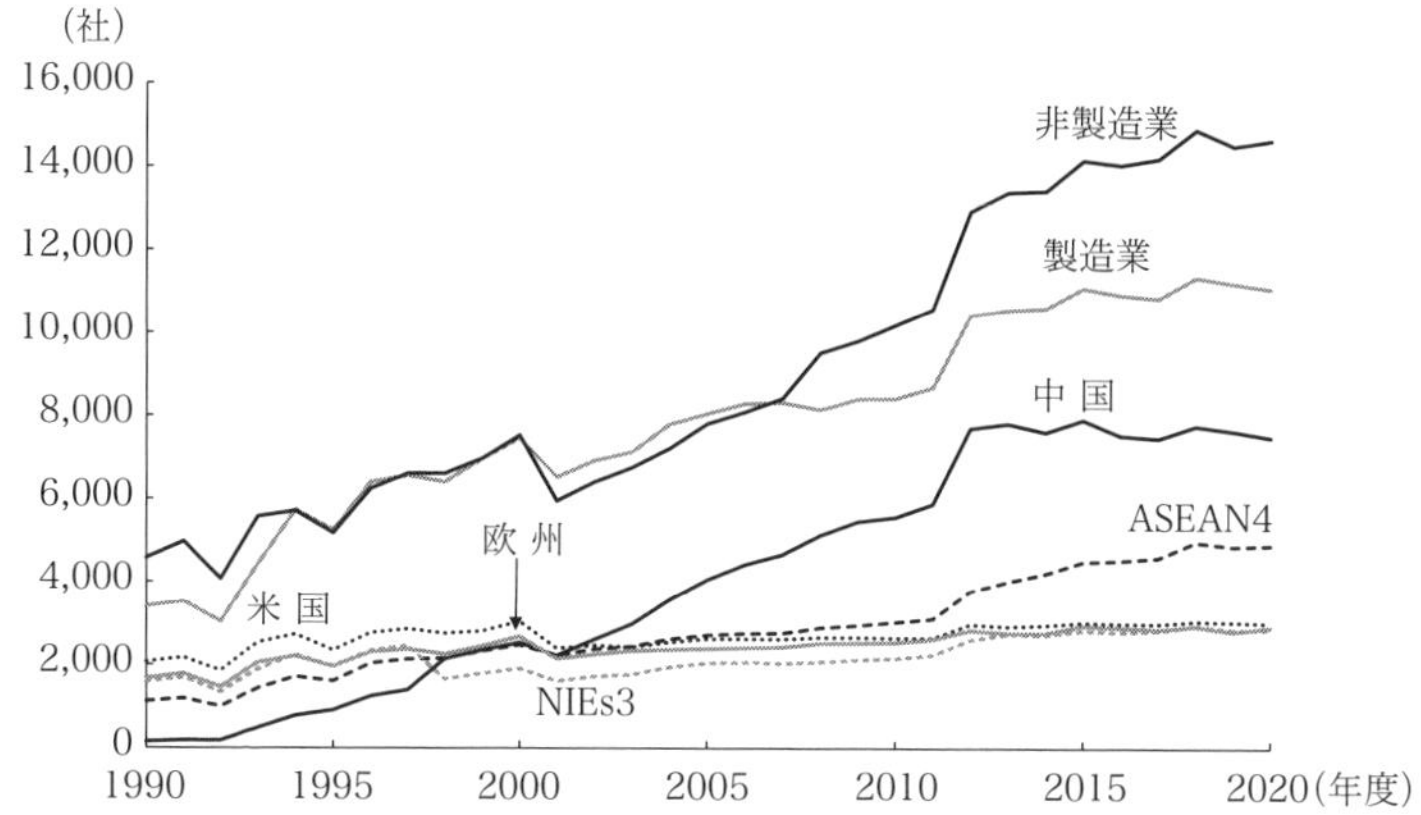


資料：経済産業省「海外事業活動基本調査」
（注）１　製造業、非製造業はすべての国・地域の合計。
２　ASEAN４はマレーシア、タイ、インドネシア、フィリピン。NIEs３はシンガポール、台湾、韓国。

業は１万４６３３社と１・３倍になった。非製造業の内訳をみてみると、サービス業の伸びが大きく、２０００年度から２０２０年度にかけて１０００社ほど増加した。この結果から、自動車や家電といった工業製品を中心とした製造業から、小売・サービス業を中心とする非製造業へ海外展開の裾野が広がってきていることがわかる。また、非製造業の増加に伴い、国内の本社の資本金規模別にみて５０００万円以下の規模の小さな企業による現地法人の設立も増加している。

内需型の産業ほど、需要の拡大が見込めない日本国内の状況に強く危機感をもっているだろう。一方で海外経済の状況をみると、新興国における需要の急拡大、サービス経済化による需要の多様化・細分化を背景に日本企業が活躍できる土壌が醸成されてきている。国内外双方の状況が非製造業の海外進出を後押しし、海外展開する国内企業の業種の幅は広がった。中小企業による海外進出も増え、海外展開ラッシュの様相を帯びている。

## 5　日本ブランドへの関心の高まり

海外展開する企業の裾野が広がっていくのと並行して、日本の文化や魅力を発信し、ブランド力を高めて外国人のファンを獲得しようとする動きが広がっている。２０１０年には経済産業省に「クール・ジャパン海外戦略室」が設置された。クールジャパンとは、「世界から『クール』ととらえられる(その可能性のあるものを含む)日本の『魅力』」である(内閣府ホームページ)。イメージとしてアニメや漫画、ファッションなどがわかりやすいが、世界の関心の変化を反映してほかにもさまざまな分野が対象になり得るという。クールジャパンの情報を発信したり、商品・サービスの海外展開や訪日外国人観光客（インバウンド）による消費の振興をサポートしたりするクールジャパン戦略によって、日本ならではの魅力を産業化していくことが推進されている。

実際に海外からの関心は高まっている。日本政府観光局が公表している年間の訪日外客数の推移をみると、２０１０年の８６０万人程度から２０１５年には約２０００万人と2倍以上に増加している（日本政府観光局「訪日外客統計」）。コロナ禍に入る前の２０１９年には過去最高の約３２００万人を記録するなど、日本に関心をもつ外国人が増えていることがわかる。コロナ禍となった後も、世界経済フォーラムが発表した２０２１年の旅行・観光開発指数ランキングでは世界１１７の国や地域のなかで日本が1位となった。交通インフラの利便性のほか、世界文化遺産の数や伝統芸能のような無形文化、独自の自然・景勝など、日本の観光資源は高く評価されている。この調査は観光の魅力度ランキングとも呼ばれ、日本が1位となったのは２００７年の調査開始以来初めて、米国やフランスなどの常連国を抑えてのことである。

日本のブランド力向上に伴い、さまざまなかたちで注目度が増している。例えば、英国の「ＨＹＰＥＲ　ＪＡＰＡＮ」や米国の「ＪＡＰＡＮ　ＤＡＹ」のようにアニメや音楽、ファッション、伝統芸能などの日本文化を紹介するイベントを例年開催している国は多い。フランスでは、日仏友好１６０周年に当たる２０１８年に、両国が連携して日本の文化や芸術を紹介する大規模イベント「ジャポニスム２０１８」がパリをはじめ約60都市で８カ月にわたって開催されている。大きな盛り上がりをみせ、総動員数は300万人を超えた。ちなみにパリの人口は約220万人であるから、集客規模の大きさに驚かされる。約1万8000人に実施された来場者アンケートでは、85％が「日本についてより知りたいと感じるようになった」と回答しており、日本に対する関心の高まりがわかる（ジャポニスム2018ホームページ）。日本を訪れたことがなくても、日本のファンだという人は世界中で増えているのではないだろうか。

日本の製品やサービスに対するイメージはどうだろうか。電通が2018年12月に行った「ジャパンブランド調査2019」は日本製品についてどのようなイメージをもっているか20カ国・地域の人に複数回答で尋ねている。上位は「ハイテク」（47・3％）、「高性能」（41・8％）、「信頼できる」（41・6％）の順であった（電通ニュースリリース）。この結果をみると、かつて自動車や家電といった機械製品に対してもたれていた高性能で高品質な、いわゆる「メード・イン・ジャパン」のイメージは、日本の工業製品が中国など新興諸国の猛追を受ける現在でもなお健在だといえる。そして、「信頼できる」という声は、先述の爆買いの的となった医薬品、化粧品、キッチン用品などをも念頭に置いたものであるに違いない。非耐久消費財によるソフトな海外展開は、日本のブランドイメージ向上に大いに貢献しているといえる。

また、電通は２０１５年に行った同様の調査に比べて「こだわりがある」との回答が20・3％から25・4％に、「他にはない（Ｏｎｌｙ ｏｎｅ）」との回答が8・0％から12・4％にそれぞれ大きく増加していると指摘する。日本が自国の文化や魅力を世界に広く発信するなかで、日本ならではの製品の魅力をよく理解、分析している外国人も増えてきているのである。日本らしい製品やサービスを扱う企業では、海外展開の機運ばかりでなく、成功確率も高まってきているといえそうだ。

## 6　中小企業ならではの海外展開

海外から日本への関心が高まっていることは、中小企業にとっても大きなチャンスである。日本らしい製品やサービスのなかには、スケールメリットが働きにくいものが多く、そうした分野では大企業よりも中小企業の方が活躍できるからだ。

例えば、わかりやすいものに伝統工芸がある。伝統工芸は、長い間修業を積んだ職人の属人的な技能を必要とし、手間を惜しまない昔ながらの製法でつくられるのが一般的である。そうした技能や製法は機械化が難しく、生産量にはどうしても限界がある。また、いくら日本の製品に魅力を感じる外国人が増えているとはいえ、嗜好品の側面がある伝統工芸の分野は、大量生産される必需品に比べて需要が小さい市場といわざるを得ない。スケールメリットを生かせるだけの販売量が確保できないため、潤沢な資本があっても生産性を高めるのは難しく、大企業が参入するインセンティブは働かない。一方、中小企業は、スケールメリットが働きにくい分野であっても、小所帯であるからこそ、規模に見合った収益をあげられれば経営が成り立つ。国内でニッチな分野や労働集約的な分野で活躍している中小企業は多く、海外の市場でも同様の強みを発揮することが期待できる。

伝統工芸を含む工芸品や芸術品のほか、現地とは異なる日本の食習慣や、日本人の生活様式に根差した産物、サービスの源泉が個人のパフォーマンスにあるエンターテインメントの分野も、スケールメリットが働きにくいといえる。本書では「芸術・工芸品」「食」「生活様式」「エンターテインメント」の四つの分野において日本の文化や生活スタイルを反映させた、日本ならではの製品やサービスを海外市場で展開する中小企業をそれぞれ3社、合計12社調査した。

こうした製品やサービスには、海外の人には広く知れわたっているものもあれば、ほとんど知られていないものもある。後者はその国になかった価値を提供できるし、前者であってもまだまだ海外に普及させていく余地がある。現地の生活や文化に沿ったかたちにアレンジした製品やサービスを開発できれば、さらに大きなビジネスチャンスにつながる。ただ、チャンスである半面、市場が形成されていないなかで、需要を顕在化させていくことは簡単ではない。知識や経験の少ない中小企業にとって、輸出の手続きや現地での規制といった流通のうえでぶつかる壁は高く感じられるだろう。しかし、こうした懸念を乗り越えて、日本らしい製品やサービスを海外に展開することで大きな成果を得ることに成功した中小企業がある。次章からは、そうした成功事例を分析し、なぜ事業機会を発見できたのか、どのように市場を開拓したのか、そして、海外展開によりどのような成果を得たのかを明らかにしていきたい。

# 第2章 海外展開のプロセス

本章では、事例企業がどのように事業機会を発見し、どのような課題を乗り越えて海外展開を行ったのか、そのプロセスを確認していく。

## 1 事業機会の発見

今回取材した12社の事例企業は、いずれも創業当初は国内向けの事業しか行っていなかった。では、なぜ海外に目を向けるようになったのだろうか。以下では、海外展開の動機と進出先の国や地域の選定理由をみていこう。

### (1) 動 機

本書では次の二つの軸を切り口に動機を分析した。一つは、「国内市場の減退」だ。将来の国内市場の成長に限界があることはすでに触れてきたとおりである。自社の存立基盤とする市場が小さくなれば、別の市場に打って出ようとするインセンティブは高まるだろう。国内で新商品の開発や新規顧客層の獲得といったさらなる市場開拓が難しければ、海外市場に活路を見いだそうとする企業が出てくるのは自然な流れである。

もう一つの軸は、「海外需要の顕在化」だ。もともと国内向けに製品・サービスを展開していたとしても、海外にも需要があることが明らかであれば、事業の維持、発展のため、海外に進出しようとする気持ちが強くなるだろう。需要があるかどうかわからない場合に比べれば、失敗のリスクが低いからだ。海外から直接注文があった、訪日観光客に購入されたな

## 図-5　動機の分類

| | | 海外需要の顕在化 | |
|---|---|---|---|
| | | 有 | 無 |
| 国内市場の減退 | 有 | (A) 市場代替型<br>㈱中根庭園研究所（事例1）<br>杉本製茶㈱（事例2）<br>森田畳店（事例3） | (B) 市場創出型<br>家田紙工㈱（事例4）<br>㈱花善（事例5）<br>㈱丸善納谷商店（事例6）<br>㈲エニシング（事例7）<br>一般社団法人アプチーズ・エンタープライズ（事例8） |
| | 無 | (C) 機会発見型<br>㈱デザインポケット（事例9）<br>天風堂（事例10）<br>㈱ピコナ（事例11）<br>㈲山形工房（事例12） | —— |

資料：筆者作成
(注) 国内市場の減退は、事例企業における事業の現状維持が困難とみられれば「有」、可能とみられれば「無」とした。海外需要の顕在化は、海外展開する前に海外の企業や個人と取引があれば「有」、なければ「無」とした。

ど、わかりやすいかたちで需要を認識できれば、獲得に向けて動き出す企業は多いだろう。

図-5は二つの軸をもとに、動機の分類をマトリクスにしたものである。ここでは、国内市場の減退を、事例企業において事業の現状維持が困難とみられる状態であった場合に「有」、事業の現状維持が可能とみられる状態であった場合に「無」とした。海外需要の顕在化については、海外展開する前の段階ですでに海外の企業や個人と取引があった場合に「有」、ない場合に「無」とした。

国内市場の減退、海外需要の顕在化いずれも「有」のケースを(A)市場代替型、国内市場の減退はあったが、海外需要の顕在化はなかったケースを(B)市場創出型、国内需要は特に減退していなかったものの、海外需要の顕在化があったケースを(C)機会発見型と、それぞれグルーピングした。なお、国内市場の減退、海外需要の顕在化のいずれも「無」の事例企業は見当たらなかった。どちらも「無」の場合、あえてリスクを負ってまで海外展開するのは経済合理性がないためと考えられる。

まずは、(A)市場代替型に該当する2社の事例企業をみてみよう。両社は国内市場の縮小に直面していたが、すでに眼前に現れていた海外需要に応えることで経営の改善を図っている。

畳の製造販売を行う森田畳店（森田精一代表、東京都荒川区、事例3）は、2000年代に入って国内需要の減少を強く懸念するようになっていた。日本では、一戸建て住宅でも集合住宅でも畳のある部屋が年々減っていた。少ない需要をめぐって競争も激化した。2007年には、関西の大手畳店が東京に進出してきたことで、価格競争が激しくなり、主要な取引先である住宅リフォーム会社からの受注が減ってしまった。同店は代表の森田精一さんと息子の隆志さん、職人の３人で成る小所帯だが、それでも、採算がとれるだけの売り上げを確保するのは容易ではなく、昭和の初めから続く事業の存続が危ぶまれた。

一方、同時期に海外に目を向けるきっかけとなる出来事が起きた。１９９９年のこと、海外移住した日本人から畳を販売してほしいとの依頼が入ってきたのだ。同店は当時の畳店には珍しくホームページを用意していたため、海外からでも見つけやすかった。海外からホームページにアクセスされていることに気づいた隆志さんは、すぐに英語版のホームページを作成した。

すると、不定期ながら海外に住む外国人からも受注が入ってくるようになった。輸送費や保険料を含めると、国内よりかなり割高であるにもかかわらず、注文してくれる人がいるということは、海外にはそれだけ強く畳を欲しいと思う人がいるということだ。同店の規模であれば、月に数件の受注があれば国内取引の減少分を補うことができると、隆志さんは海外展開に本腰を入れて取り組み始めた。

住環境の変化で国内需要の減少が著しいなか、実際に注文が入るというわかりやすいかたちで海外からのニーズを認識した。国内、海外合わせれば自社が存続するために十分なパイを獲得できると期待できたから、海外展開へのインセンティブが高まったのだ。

もう1社みてみよう。杉本製茶㈱（杉本将明社長、静岡県島田市、事例2）は、生産者から茶葉を仕入れて、抹茶や緑茶に精製加工して販売する、いわゆる茶商である。1998年、偶然同社に立ち寄った緑茶好きの米国人男性が、スーツケースいっぱいに緑茶を購入していった。その緑茶がたいへん気に入ったため、帰国してしばらく後に、彼の方から同社の商品を米国で販売させてほしいと連絡が入った。それを快諾したのが、同社の輸出の始まりである。当初の輸出先はその1件だけである。彼には本業の仕事があり、緑茶の販売はあくまで副業だった。

当時の国内の状況を振り返ると、もともと親族6人で経営していた同社は、昔から付き合いのある商店や飲食店、一般個人から電話やファクスで依頼を受けて販売するだけで必要な売り上げは確保できていた。しかし、飲料に対する消費者ニーズが極めて多様になってきたことや、大手メーカーが生産するペットボトル入りの緑茶の普及によって、急須で入れるリーフタイプの緑茶の消費量は、年々減少していた。

新たな販売先を模索する必要を感じていたところ、あの米国人からの注文が5年ほどの間で10倍以上に増加していることに気がついた。特段気にかけていなかった米国輸出が伸びている。社長の杉本さんは、海外市場に大きな可能性を感じた。そこで、国内市場を掘り下げるよりも、新たに海外で販売していくことに力を入れようと、２００４年から現地視察や現地法人の設立といった準備を重ね、２００８年から米国への展開を本格化させた。

食生活の変化によって国内市場のさらなる開拓が難しい一方、ふとしたきっかけで小さく始めた海外への販売が目に見えて実績を上げていったことにより、同社は新たな成長機会をつかんだのである。

これら2社はいずれも、日本人の生活様式の変化を背景とする国内需要の減少に危機感を覚えていた。対応策を検討するなか、海外からの需要がわかりやすいかたちで顕在化したことで、減少した需要を補おうと海外展開に舵《かじ》を切ったのである。

次に、Ⓑ市場創出型の事例企業を2社紹介しよう。国内市場が小さくなっていくなか、何とか海外で需要を生み出せないかと果敢に挑戦している企業である。

家田紙工㈱（家田学社長、岐阜県岐阜市、事例４）は、岐阜県南部、美濃地方の伝統品、美濃和紙でつくる盆提灯《ちょうちん》の絵付けを行っている。もともと明治の中頃に和紙の卸問屋として創業した。昭和に入ってからは絵付けの仕事を中心にしている。製造業の多くが人件費の安いアジア諸国に生産拠点をシフトし始めた２０００年代は、同社が扱う提灯の生産工程の一部も海外に移っていった。

社長の家田さんは、いずれ絵付けの仕事も海外の企業にとって代わられるのではと危機感を募らせた。そればかりか、和紙の国内需要は先細ってきており、職人も減っていたことから、地元の大切な美濃和紙の文化そのものが失われてしまうことさえ危惧していた。事業存続の道を模索しなければならないが、徐々にパイが小さくなる既存市場で優位性を追求したとしても効果は限られてしまうし、業界全体の衰退を止めることも難しい。

そこで、家田さんはまったく新たな市場を切り拓こうと、二つのことに取り組んだ。一つは新商品の開発である。日常で使える、親しみやすい和紙製品を生み出すことができれば、多くの人に手に取ってもらえる。もう一つは、販売先を世界に広げることだ。国内だけに商品を展開するよりも、はるかに多くの人にアプローチできる。海外向けに新商品を開発すれば二つのことが一挙に実現すると思われた。海外需要を掘り起こすことができれば、同社の売り上げが増えるのはもちろん、美濃和紙の生産量も増加し、業界全体が潤うだろう。

とはいえ、海外で美濃和紙を使った製品の販売実績があるわけではない。需要は一からつくり出さなければならなかった。紙という素材は世界中のどこにでもある。美濃和紙でなくてはならないというものでもなかろう。そのため、すでに海外で普及している紙製品を、美濃和紙を使って改良することを発想した。そうして開発したのが「ＳＮＯＷＦＬＡＫＥ《スノーフレーク》」である。

着目したのは東欧の文化だ。ロシアから語学留学に来ていた女性が同社を訪れた際に、美濃和紙を見て「雪みたい」と言った。そして、年末年始に、雪の結晶をかたどった紙で自宅や店の窓を飾るという風習が彼女の地元の地域にはあると教えてくれた。思い切って現地を視察した家田さんは、実際に窓を飾っている紙の多くがセロハンテープで貼られていることに気がついた。薄くて丈夫な美濃和紙は、光をきれいに通すという特徴をもっているうえに、水で濡らすだけで簡単に窓ガラスにくっつく。太陽の光できらきらと輝く雪の結晶を表現できた。

自社と業界を存続させるための方策として、同社は美濃和紙の持ち味と海外の文化をうまく融合させ、市場を切り拓いたのである。今ではイタリアやフランスなど世界20カ国以上にＳＮＯＷＦＬＡＫＥを展開している。

もう1社みていこう。㈲エニシング（西村和弘社長、東京都港区、事例７）は、腰から下を覆う、ひも付きの厚手の帆布でできた前掛けを製造販売している。汚れを防いだり、腰ひもをしっかり締めることで重い荷物を持つときに腰を守ったりする実用性から、飲食店や酒店の店員などを中心に愛用されている。日本ならではの作業用ファッションといえるだろう。

２０００年にＴシャツの販売店として創業した同社は、商品のラインアップを広げていくなかで、２００４年から前掛けを取り扱うようになった。無地の前掛けを仕入れて、オーダーメードで絵柄をプリントするのである。販売は自社のインターネットショップで行っていた。月に10枚程度と、決して多く売れるわけではなかったが、わざわざ感謝の手紙や身につけた写真を送ってくれる人がいた。当時、前掛けのオーダーメード販売をしている業者はほとんどなく、オリジナルの前掛けが欲しいという人にとってはよほどうれしかったのだろう。

あるとき大口の注文が入り、問屋の無地の前掛けの在庫では不足が生じた。それがきっかけで、製品を安定して確保するため、生産者と直接取引をしようと考えた。前掛けの産地である愛知県豊橋市の織物工場を訪ねた社長の西村さんは、１００年以上前の織機が現役で働いている歴史の深さに驚いた。

ただ、西村さんが衝撃を受けたことはもう一つある。つくり手である職人が将来に憂いを感じるほど前掛け産業が苦境にあることだ。西村さんは、職人と話をしていくなかで「前掛けはもうじきなくなる。Ｔシャツを販売していた方がよい」と言われてしまったのだ。室町時代に生まれたとされる前掛けは、江戸時代に現在の形になり、戦後の経済成長期には爆発的に広がった。ところが、昭和の終わりには、仕事着を含めた服装の多様化に押されて、前掛けは急速に衰退していった。

前掛けに愛着のあるコアなファンがいることを知る西村さんは、このまま廃れてしまうのはもったいない、何とか前掛けの文化を残したいと思った。前掛けの販売数は減っているが、その分取り扱う業者の数も減っている。ほかの商品の販売と一緒に前掛けも取り扱っている業者が多いなか、前掛けに専念すれば他社と差別化でき、全国に販売を広げられるのではないかと考え、前掛け専門店へと転換することにした。しかし、長い目で見れば需要そのものが減ってきているので、そのなかで高いシェアがあってもいつかは経営が厳しくなるかもしれない。

そこで、考えたのが海外向けの販売である。実は西村さんは、Ｔシャツ販売業を創業した当初から、海外展開を視野に入れていた。米国留学を経験しており、多くの人たちが日本に興味をもっていることを実感していたことから、日本らしさをもった商品なら海外の人に受け入れられると考えていた。前掛けの知名度は高くないため、それまでのところ海外から注文が入ることはなかったが、むしろそこに商機があると西村さんは考えた。作業の負担から腰を守るという機能がある前掛けは、西洋のエプロンとも差別化できる。前掛けが珍しくない日本国内よりも、まったく新しいものとしてとらえられるであろう海外の方が得られる成果は大きいと見込んだのである。

西村さんは飲食店やホテル向けの業務用商品の展示会に出展することにした。まずは、世界中から流行の最先端が集まる米国・ニューヨークを選んだ。効率よく商品を広めようと代理店の開拓に力を入れたものの、漆器、陶器など知名度が高いほかの日本製品を優先されたり、価格交渉が厳しかったりと苦戦した。

転機になったのは英国・ロンドンの展示会に出展したことだ。意外なことに代理店ではなく小売店から多数の引き合いがあった。欧州には、商品のことを丁寧に説明して売ろうという小売店が多く、室町時代からある歴史や１００年以上前の織機でつくられる伝統技術といったバックグラウンドが付加価値として評価されたのだ。

西村さんは、同じように取り組めば、ほかの国でも受け入れられると、日本ならではの伝統ある前掛け文化そのものも発信していくことで海外の市場を開拓していった。その結果、米国や欧州を中心に常時15カ国に輸出するまでになった。

この2社が事業を展開するマーケットでは、日本人の生活様式の変化に起因して、取扱製品や事業領域そのものの存続すら危惧されるほど国内需要が大きく減少していた。国内市場をこれ以上掘り下げたとしても状況を打開できるほどの効果は見込めず、まったく新たな顧客を開拓しようと海外への道を切り拓いていったのだ。

最後に、(C)機会発見型の事例も2社みてきたい。国内の需要の減退はないが、海外の企業や個人から直接アプローチがあったことをきっかけに、海外市場に自社の成長機会を見いだした企業である。

㈱ピコナ（吉田健社長、東京都渋谷区、事例11）は、アニメやゲームに使用される3次元コンピューターグラフィックス（３ＤＣＧ）の制作を行っている。手描きの作画と違って３ＤＣＧでは、走ったり踊ったりというキャラクターの動きをデータとして保存しておけるため、別のキャラクターに同じ動きをトレースできる。キャラクターの洋服や靴も簡単に変更できる。過去に作成した動作やパーツをアレンジすれば、ほかの作品で使い回すことも可能だ。こうした３ＤＣＧの強みを生かして効率的に受注を増やし、順調に規模を拡大してきた。

社長の吉田さんは、自身が子どもの頃にアニメを見て感動したことがきっかけで、子ども向けのオリジナルアニメを制作したいと同社を立ち上げた。作品の一部のシーンに用いる３ＤＣＧの受託開発が中心だが、一つの作品の制作を丸ごと受注する元請けの仕事もある。

吉田さんが海外に目を向けるようになったきっかけは、２０１６年に英国から子ども向けアニメの共同制作の依頼を受けたことである。楽器をモチーフにしたキャラクターが音楽に合わせて動き回る作品で、小さな子ども向けの絵本のような世界を目指しているとのことだった。

漫画文化の国、日本では、アニメーションも漫画を原作にしたものが多い。手描きの漫画作品を再現するため、アニメづくりも手描きが主流である。一方で、海外ではディズニーやピクサーの作品に代表されるように、CGを使って立体的に表現したアニメが多い。手描きの作画によるアニメ制作が盛んな国内で成長してきた同社は、手描きのような風合いの3DCG、いわゆるセルルック3DCGを制作する技術を磨いてきた。

海外では珍しい独特の温かみをもつ手描きやセルルック3DCGによる作品は、国内だけでなく世界にも多くのファンがいる。同社の高いセルルック技術が、温かみのある画像を求める英国のアニメスタジオの目に留まったのである。最先端の技術を駆使する同社ならば、海外で主流のCGによるアニメづくりはもちろん、日本ならではの手描き風の表現を盛り込むこともできる。

吉田さんは、子ども向けアニメに対する海外のニーズが自社の得意な技術と合致することに気づいた。まさに機会を発見したのである。英国からのオファーを皮切りに海外向けの作品づくりに力を注ぎ、米国やフランス、中国などさまざまな国で開かれる見本市に出展していった。ストーリーが共感を得たり、ビジュアルが好まれたりと、いずれの国でも手応えを感じることができた。現在はカナダのスタジオと、５人の少女が鬼退治を目指して冒険するアニメの共同制作の覚書を取り交わし、契約の条件を擦り合わせているという。

いまや漫画やアニメは世界が最も高く評価する日本文化の一つといえるだろう。同社の海外展開の成功の背景には、その日本ブランドを支える技術に対する海外からの信頼がある。

もう1社紹介しよう。㈱デザインポケット（倉橋幸子社長、大阪府大阪市、事例９）は、日本で独自の発展を遂げたといえる食品サンプルの製造販売会社だ。飲食店や弁当店などの店頭に飾られる業務用の製品を中心に、本社の６階に設けた自社工場で製作している。実際の料理を見せてもらい、試作品を何度もつくって出来を確認してもらいながら修正を重ね、1点につき約1カ月の期間をかけて完成させる。その店独自の料理を精巧に再現したサンプルは取引先から高い評価を得ている。個人店のような小さな店からの依頼が多く、製作期間の長さを考えれば、決して大きな利益を得られるわけではないが、その分競合は少なく同社には絶えず仕事が舞い込んでいた。

国内での事業が堅調ななか、社長の倉橋さんが海外に販売を始めたきっかけは、大阪を旅行中だったインドネシア人の飲食店経営者から注文があったことだ。同社が食品サンプルを製作していることをホームページで事前に調べ、観光の機会に合わせて同社を訪問した。製作を依頼された料理は、魚の胃袋が入ったスープをはじめ、日本では見たことのない料理ばかりだった。料理の写真を見せてもらったり、後日、近くのインドネシア料理店に実際の料理を提供してもらったりして、何とか再現することができた。依頼主に配送したところ、同じメニューを提供する飲食店はいくらでもあるが、食品サンプルがあるのは自分の店だけ。そのおかげで、他店と差別化でき、集客につながっているととても感謝された。

倉橋さんは、食品サンプルがありふれている日本よりも、ほとんどない外国の方が、見た目に訴求して来客につなげるという食品サンプルの効果がより際立つと気づいた。手応えをつかんだ倉橋さんは、積極的に海外に売り込んでいくことを決めたのである。

この2社は、いずれも自社の存続に十分な需要が国内にあった。そのため、能動的に海外にアプローチしていたわけではなかったが、ある時、海外企業や日本を訪れた外国人から興味をもたれたことがきっかけになった。なぜ関心をもたれたのか、現地にどれだけ需要があるのかなどを精査し、成功の可能性が高いと判断、海外展開を自社の成長機会ととらえたのである。

## （2）進出先の選定理由

海外で実績をあげている事例企業はどのように進出先の国や地域を選んだのだろうか。先述した海外需要の顕在化の基準に照らしてみていきたい。

まず、海外需要の顕在化が「有」、つまり(A)市場代替型、(C)機会発見型の企業であれば、需要が見いだされた国に進出するのが自然な流れである。杉本製茶㈱であれば米国人男性の来訪がきっかけだったことから、まずは米国に販売を始めているし、森田畳店の場合は当初から特定の国を狙ったわけではなく、注文があるたびに対応するかたちで複数の国に展開している。

では、(B)市場創出型の事例のように海外需要がまったく顕在化していなかった場合はどうやって進出先を決めたのだろうか。㈱花善（八木橋秀一社長、秋田県大館市、事例５）は、創業１２０年を超える老舗駅弁店である。主力商品の「鶏めし弁当」は、醤油ベースの秘伝のたれで炊き込んだご飯と、同じく醤油ベースで甘辛く煮た鶏肉が味わい深いと、旅行者だけでなく地元の人からも好評を得ている。

長距離列車での移動中に食べる駅弁だが、列車の高速化や停車時間の短縮によって、日本国内での販売数は減少してきている。同社の駅弁も例外ではない。最盛期である１９７０年代には、1日に約1500個を販売していた。しかし、かつて大館駅に乗り入れていた大阪や東京・上野と青森を結ぶ特急は徐々に本数を減らし、やがて運行しなくなっていった。また、ホームで立ち売りすることによる成果もあがらなくなった。乗客の安全のため、窓が開かない車両が増えたためである。直近ではコロナ禍の影響もあり、今では大館駅で売れるのは3個ほどに減ってしまったという。

社長の八木橋さんは、経営を立て直すために、まずは国内市場の開拓を行った。新たな販路としては、旅行会社に売り込み、ツアー旅行者の昼食として駅弁を届けるサービスを開始したり、地元のファンを増やすために大館市内の学校に配布したりと、移動中以外にも駅弁を楽しんでもらう仕掛けを施した。その結果、鶏めし弁当の販売数は劇的に増加し、同社の業績は回復した。

しかし、八木橋さんはそこで改革の手を緩めなかった。人口が減少している国内市場では、いずれまた駅を中心に販売していた頃のように売り上げが減ってしまうのではないかと懸念した。次の一手として2016年から準備を始めたのが海外展開である。ただ、海外に日本のような駅弁文化は根づいていない。どのような国や地域に向けて販売していくか。

八木橋さんは、次の三つの条件をもとに候補となる国を絞っていった。まずは、長距離鉄道があることである。長距離移動の旅の途中に、おいしい食事をするという駅弁本来の楽しみ方を伝えることができるからだ。

次に、日本に比べて物価水準が高いことである。海外で販売するためには、輸送費といったコストがかかる。その分を価格に上乗せすると、物価水準の低い国では非常に高価なものとなってしまうため、広く販売していくのは難しい。手頃な価格で特別感を味わえる駅弁の魅力を十分に発揮できるようにしたいと考えた。

最後に、日本に対して否定的なイメージをもっていないということである。そもそも車内で弁当を食べるという習慣がないなかで、その国にとってまったく新しい日本ならではの駅弁という文化を受け入れてもらうには、日本そのものに好意的な国の方がスムーズにいく。八木橋さんは、これら三つの条件のいずれにも該当すると思われる国を訪れ、現地を視察していった。

市場調査を進めていた頃、フランスで開催された日本文化を紹介するイベント「ジャポニスム２０１８」に出展する機会を得た。イベントを通し、八木橋さんは駅弁を展開する国としての条件をフランスが満たしていると体感した。長距離鉄道はあるし、物価水準も高い。そして、何より着目したのは、フランス人の日本食に対するイメージだ。フランスでは日本の寿司が大いに愛されており、日本食で米といえば醤油につけて食べるものという意識が強かったのである。米を醤油ベースで炊き込んでいる同社の鶏めし弁当も必ず受け入れられてもらえるはずだと感じた。

イベントでの販売実績から手応えをつかんだ八木橋さんは、すぐにパリに法人を設立した。翌２０１９年には、製造販売を行う店舗を主要なターミナル駅の一つであるパリ北駅に近い９区に出店した。パリ北駅以外にも、近くには観光地として有名なオペラ座や日本人が比較的多く住む地区があり、商品を売り込むにはうってつけの立地であった。また、２０２１年に、パリ市内にある長距離鉄道の発着駅、パリ＝リヨン駅に半年間の期間限定で出店したところ、開店初日から３００個の駅弁を販売することができた。同社は、フランスに日本の駅弁文化を伝播させている。

海外需要が顕在化していなかった事例をもう一つみてみよう。一般社団法人アプチーズ・エンタープライズ（米澤萌代表、東京都武蔵野市、事例８）は、現代表の米澤さんの父が１９９５年に発足させた阿波踊りチーム、「寶船《たからぶね》」を運営している。全国の祭りや企業、学校、福祉施設などのイベントで踊りを披露するほか、劇場やライブハウスを借りて自主公演を行うことも多い。

日本の伝統芸能として４００年を超える歴史をもつ阿波踊りだが、同法人のように事業として阿波踊りを行っているチームは全国でも珍しい。ほとんどの場合、阿波踊りの参加者はボランティアである。時間に余裕があったり、地元を盛り上げたいと強く思っていたりする人に活動が支えられており、中心となるのは高齢者だ。苦労するのは、若い担い手の確保である。若い世代の人のなかには、阿波踊りよりも派手な動きをするヒップホップダンスやブレイキンといった海外のダンスに魅力や憧れを感じる人が少なくない。寶船の一員として阿波踊りをこよなく愛する米澤さんは、阿波踊りそのものの魅力を高めていかなければ、文化として続かなくなってしまうのではないかと心配していた。

創業前の２０１１年、米澤さんの元に、大手旅行会社から米国・ハワイで開催されるホノルルフェスティバルに出演しないかとの打診があった。日本とハワイの文化交流を目的にしており、日本からは芸能や武道にかかわるさまざまな団体が参加する。大とりを任せられたステージでは、現地の人たちから大きな喝采を浴びた。米澤さんは、言葉が通じなくても相手の心を動かすことができる阿波踊りの魅力を再認識した。

今の時代により合ったパフォーマンスができれば、もっと多くの人に愛されるはずだと考え、２０１２年に米澤さんは当社を設立。笛や太鼓といった鳴り物の音に合わせて踊るだけでなく、マイクパフォーマンスで会場を盛り上げたり、芝居を組み込んだりしてエンターテイメント性を高め、寶船をプロの阿波踊り集団としてブラッシュアップさせたのである。

創業後間もなく海外に向けた営業も行った。国内では阿波踊りのイベントは夏の祭りの時期のものというイメージがあるが、海外ではそうした先入観がないため、季節を選ばず披露しやすいし、浴衣《ゆかた》や法被《はっぴ》といった日本らしい衣装も新鮮に映るに違いない。また、海外で人気が出れば、国内の若者にも注目されるはずだというねらいもあった。海外のイベント企画会社や日本語学校など国際交流の場を運営する企業や団体に企画書や阿波踊りの映像を持ち込んで、公演の仕事を獲得していった。

進出先の国を決めるうえで、米澤さんは次の二つのポイントに着目したという。一つは、所得水準である。生活必需品ではない阿波踊りに、お金を払う余裕のある人が多い地域でなければ集客が見込めない。そこで、経済レベルの高い国をターゲットにした。

もう一つは、ほかの国や都市へのアクセスの良さである。短期間で多くの場所を回る方が多くの人を集められる。鉄道や空路のアクセスが良い場所を選べば効率的な旅程が組めて、滞在費の削減につながる。そのために、公演先では現地の日本大使館やイベント会社に飛び込んで営業するようにしている。すぐ仕事の依頼に結びつくわけではないが、近隣国の担当者を紹介してもらえるなど、各地に人脈を広げることができている。地道に広げたネットワークは、国をまたいだ複数の公演を効率的にセッティングするのに役立っている。

二つの基準のもと、２０１４年にはニューヨークで海外初の単独公演を行い、翌２０１５年にはニューヨーク、パリ、ロンドン、香港を巡るツアーを成功させた。２０１７年ごろには自分たちでツアーを組むだけでなく、海外のイベンターから直接公演の依頼が来るようになり、事業は軌道に乗った。今では、1年間の約3分の1は海外で活動している。

需要が顕在化していないなかで海外市場に打って出た事例企業は、下準備を欠かさなかった。㈱花善はパリに進出を決めるまでに、長距離鉄道があることや手軽な価格と感じてもらえる物価水準であるかどうかなど候補国の条件を定めたうえで、15カ国以上を視察していた。一般社団法人アプチーズ・エンタープライズは、阿波踊りをショーとして楽しみ、対価を支払ってくれるだけの経済力があるか、また、いかにコストを抑えてより多くの会場で公演できるかをよく考えてツアーを組んでいる。自社の製品やサービスを受け入れられる土壌があるかどうかをしっかり分析したうえで進出先を判断したことが、各社の成功の要因になっている。

## 2 課題への対応

事例企業はいずれも、現地の需要を見極めたうえで商圏を世界に広げていった。ただ、いくら商機があったとはいえ、海外展開を進めていくのは決して簡単なことではなかった。どういったことに取り組んだのかを分析すると、(A)市場代替型、(B)市場創出型、(C)機会発見型のいずれにも共通する課題に対処していることがわかった。課題は三つあり、一つ目は、現地に合わせた「商品・サービスのカスタマイズ」、二つ目は、商品・サービスを現地の人や企業に届けるための「円滑な供給への工夫」、そして三つ目は、経営資源が潤沢とはいえない中小企業ならではの「外部資源の活用」である。

### (1) 商品・サービスのカスタマイズ

文化や生活様式の異なる外国に、日本国内向けの商品やサービスをそのまま販売しようとしても受け入れてもらうのは容易ではない。現地に合うかたちにカスタマイズすることが必要である。海外需要が顕在化していた(A)市場代替型、(C)機会発見型の企業も例外ではない。

まずは、(A)市場代替型の事例企業についてみていこう。森田畳店の顧客は、注文する前に29種類の畳表《たたみおもて》と84種類の畳縁《たたみべり》の組み合わせを店のホームページ上で確認しておくことができる。さらに、希望者は無料で畳表と畳縁のサンプルも送ってもらえる。また、届いた畳は自分で簡単に敷くことができる。畳の並びや敷き方を示す図面が同封されているからだ。

遠く離れた国にいる顧客は事前に実物に触れることができない。畳職人も直接出向いて部屋に合った商品を薦めたり畳を敷いたりすることはできない。それでも安心して畳を購入し、その良さを存分に味わってもらえるよう、森田畳店は海外向けの販売工程を確立させたのである。

加えて、畳自体にも工夫を施した。海外向けの畳は、断面を畳表や畳縁で覆い隠すようにつくっている。日本の一般的な和室は、桟《さん》よりも床板が低くなっているので、畳を敷くとけば立った断面を隠すことができる。一方、海外の建築のなかに和室をつくろうとすると、周りと同じ高さの床面に直接置くことになる。断面が露出したままだと見栄えが良くないし、端くずも出てしまう。異国の建築にもなじむ畳になるように、断面を覆うカスタマイズを加えることで、顧客の満足度を高めている。

次に(C)機会発見型の事例企業をみていく。天風堂（田代潤一代表、佐賀県唐津市、事例10）は剣道具の販売と修理を行っている。自身も剣道家として八段の腕をもつ代表の田代さんは、海外の講習会に講師として赴くことが多い。

そこで、現地の剣道人が自分に合った道具を見つけられないという悩みをもっていることに気がついた。近くに道具店がないため、手に取って吟味できないし、通信販売で購入しようとしても道具選びに慣れていないため、自分に合っているのか判断することが難しい。田代さんはそうした悩みを解決するため、講習会に道具の見本を持参し、稽古の休憩時間を利用して一人ひとりの体格を見ながら道具選びの相談に乗るようにした。その結果、海外から注文が入るようになり、今では売り上げの約半分を外国人が占めている。

販売する際、田代さんは扱い方や手入れの仕方、洗い方、保管方法を丁寧に説明し、道具を長く使うという剣道の精神を教えるようにしている。破れたらふさぎ、色が薄くなったら染め直すなど、消耗したらすぐに買い替えるのではなく、直せば長く使えるということを伝えている。ただ、海外の剣道人が田代さんに修理を依頼しようとすれば、道具の輸送に費用や時間がかかる。

そこで、田代さんは海外向けに修理セットを開発した。革に両面テープを貼って、5センチメートル角や10センチメートル角に切って使えるようにしたものである。革を縫うのは技術をもった専門家でなければ難しいが、このセットを使えば破れた箇所を簡単にふさげる。田代さんの用意した修理セットを使うことで、現地の剣道人は道具を大切にする精神を実践できている。海外に向けた独自の工夫の一例である。

ここまで取り上げてきた(A)市場代替型や(C)機会発見型の企業とは違い、需要が顕在化していなかった(B)市場創出型の企業では、大がかりな調整が必要になることもあった。昆布を加工、販売する㈱丸善納谷商店（納谷英雄社長、北海道函館市、事例６）は、英国やオーストラリアに製品を展開している。現地にはない日本ならではの昆布について、うま味やだしのとり方をゼロから伝えていく必要があった。ここで問題になったのが、欧米の人の食文化だった。

昆布などの褐海藻にはヨウ素が豊富に含まれている。海藻を食べる文化のない欧米では、ヨウ素の欠乏を防ぐため、食塩に添加して摂取することが多い。ヨウ素入りの食塩を常用したうえで海藻を食べた場合、過剰に摂取してしまうおそれがあることから、海藻に含まれるヨウ素量に制限を設けている国が多くある。基準となる量は国ごとに異なるが、最も厳しく制限していたのがオーストラリアだった。社長の納谷英雄さんの息子で、海外展開を主導する専務の太郎さんは、オーストラリアで販売を認められれば、後々ほかの国にも進出しやすくなると考えた。

そこで、北海道立工業技術センターの協力を得て、オーストラリアの規制をクリアできる水準にヨウ素量を抑えた「ＮＡＹＡ　ＫＯＭＢＵ」を開発した。その結果、２０２０年には、規制ができた2010年以降初めて、日本の昆布をオーストラリアに届けることができたのである。

紹介した3社のように、事例企業は自社の商品やサービスを海外に展開していくうえで、程度の違いはあるが、いずれも日本とのニーズの違いに課題を感じた。ニーズの違いをよく分析し、ギャップを埋めるために商品やサービスのカスタマイズをしたからこそ、進出先の国で広く受け入れられたのである。

## (2) 円滑な供給への工夫

第二の課題は、商品やサービスをいかに円滑に現地に供給するかである。商習慣をよく知る日本と異なり、初めて展開する海外ではそれなりの工夫が必要である。円滑な供給のための取り組みは、三つに分けられる。

一つ目が流通ルートの工夫である。日本に居たのでは発想しない流通ルートを開拓し、商品をうまく供給しているのが、前掛け専門店の㈲エニシングである。同社は輸出を始めた当初、米国で代理店の獲得をねらっていた。自社に代わって広く小売店に商品を供給してくれる代理店があれば、効率的に市場開拓ができると考えたのだが、思惑どおりにはいかず、売り上げは伸び悩んだ。代理店のバイヤーにとって、日本ならではの商品として、前掛けは漆器や陶器などに比べマイナーだったため、販売するうえでの優先順位が低かったのである。

そんなとき、英国・ロンドンで飲食店の店舗デザインを手がけるデザイナーから、個性的な日用品を集める展示会に出展を勧められた。参加したところ、セレクトショップを中心に多くの小売店から声がかかり、欧州各所の約20店舗で前掛けを扱ってもらえることになった。

現地のショップが前掛けについて特に興味をもった訳は、１００年前の織機でつくられていることにあった。西村さんは、海外では商品の背景にあるストーリーに関心が高いことを感じた。長い歴史をもつ前掛けは、代理店を通して間接的に売り込むよりも、理解を示してくれそうな小売店に魅力を直接伝えながら販売する方が効果的だと考えるようになった。

展示会をうまく活用し、文化や歴史を伝えながら営業活動をした結果、消費者個人を顧客とする小売店だけでなく、前掛けをユニフォームとして採用する飲食店やホテルなどにも取引が広がった。㈲エニシングは、商品がもつ歴史やストーリーを大切にする欧州の文化に合わせ、代理店に販売する方針から小売店に直接売り込んでいく方針にシフトすることで、海外展開を軌道に乗せることに成功したのである。

円滑な商品供給に向けた取り組みの二つ目は、輸出に特有の通関手続きや現地における法規制への対処である。けん玉の製造販売を行っている㈲山形工房（梅津雄治社長、山形県長井市、事例12）の対応例をみてみよう。

けん玉の輸出を始める際、社長の梅津さんは小さい子どもにも手に取ってほしいという思いから玩具としての輸出手続きを進めた。主要な販売先である米国に玩具を輸出するには、消費者製品安全改善法の基準に従う必要があった。基準を満たしていることを証明するには、第三者機関による試験を受けなければならなかったことから、同社は日本国内の外資系輸出仲介業者を通して、香港にある機関にチェックを依頼し、認証を取得した。

また、海外でけん玉の人気が高まるのに伴って、同社のけん玉の模造品が増えていった。万一、模造品で事故が起きたときに賠償請求されるリスクを防ぐため、同社は国際弁理士に依頼し、米国や中国、欧州連合などで商標登録を取得した。需要が顕在化していた㈾機会発見型の㈲山形工房は、コストをかけても安全認証を取得し商品を広めていった。

一方、面倒な手続きや規制を避ける事例企業もあった。美濃和紙を使った提灯の絵付け加工を行う家田紙工㈱は、業績を回復させるため、海外向けにさまざまな商品の開発を試みた。薄くて光をきれいに通すという美濃和紙の特徴に注目して、当初開発したのがインテリア照明であった。ただ、ドイツの展示会に持ち込んでアピールしつつ、輸出する際の手続きについて調べたところ、大きな問題に気がついた。

インテリア照明を欧州や米国に輸出しようとすると、それぞれＣＥマークやＵＬ規格といった安全基準をクリアする必要があり、認証を取得するには費用がかかる。販売の見込みが立っていない新商品に対して多額のコストを支払っても、回収できない可能性が大きかったのだ。機械を内蔵し、相応のサイズのある商品には規制がかかることが多く、同様のリスクがつきまとう。

そこで同社は、年末年始に窓を飾る習慣のある東欧に向けて、紙でつくった雪の結晶、ＳＮＯＷＦＬＡＫＥを開発した。小さくて軽いため、安全基準の認証のためのコストだけでなく、運送費も抑えられる。需要が顕在化していなかった(B)市場創出型の家田紙工㈱は、販売見込みが不透明な分、規制のかからない商品を開発することでコストを抑え、海外に展開していった。

三つ目の取り組みは、トラブルの回避である。海外では商習慣の違いや距離の遠さから、国内よりも慎重に取引を行う必要がある。

㈱中根庭園研究所（中根史郎所長、京都府京都市、事例１）は庭園の設計や施工、管理を行う。自然の景観の再現を重視する日本式の庭園づくりは海外でも人気で、本格的に海外展開し始めた1995年ごろから、これまでに米国や欧州、アジアなど20カ国以上で作庭を行っている。

所長の中根さんは、海外で作庭する際には信用できる施主かどうかの見きわめが国内以上に大事だという。大規模な庭園をつくる場合、完成するまでに3年ほどもかかる。仕掛中に施主の都合で計画が中止になってしまうと同社が被る損害は大きい。

中根さんはそうしたリスクを抑えるために、工事完成後の支払いなど同社に負担がかかる条件を希望する相手からの仕事は避けるようにしている。一部前払いや毎月払いなど代金について同社の側から条件を提示し、それでも任せたいと応じてくれる熱意のある相手を選ぶ。突然のキャンセルや、それによって損害が発生するリスクを抑えるために日本国内とは異なる取引条件で臨んでいる。

事例企業は、商品やサービスを海外に供給するに当たって、現地の文化に合わせて販売ルートを工夫し、通関や法規制に対して自社の状況に応じて臨機応変に対応し、トラブルが起きないよう細心の注意を払っていたことがわかる。経営資源が限られる中小企業であっても、いかに自社の商品やサービスを円滑に供給するか知恵を絞ることにより、日本ならではの品々を広く海外に展開できるのである。

## （3）外部資源の活用

ここまで海外展開の課題として、商品・サービスのカスタマイズと円滑な供給への工夫について述べてきた。事例企業は現地のニーズに合うように自社の商品やサービスを改良し、いかにうまく供給していくかに考えを巡らせたからこそ、海外で実績をあげることができた。ただ、いずれも大企業に比べて経営資源が乏しい中小企業であり、自社の努力だけで課題に対応するには限界があった。そこで、ポイントになったのが外部資源の活用である。ほかの企業や団体の力を借りることで、自社に不足している点をうまく補いながら、海外展開の課題に対処してきた。ここでは、事例企業が活用してきた外部資源を、連携相手のタイプにより三つに分けてみていきたい。

まず、一つ目は民間事業者である。海外展開に必要な手続きや作業の一部を外部委託することで、知識や労働力の不足を補うものである。

森田畳店には、英語版ホームページを通じてさまざまな国から畳の注文が集まる。その数は、海外展開を始めた２０００年から累計で50カ国以上に上る。検疫や規制、関税率といった情報を販売実績と一緒に国別にまとめてホームページにストックし、公表することで顧客にも情報を還元している。しかし、国によって手続きが異なる税関や検疫に対応するのに加え、長距離運送に耐えるための梱包などの作業もあり、従業者が3人の同店には負担が大きかった。

そこで、助けを借りたのが、フォワーダーと呼ばれる国際輸送やそれに付随する書類の作成、通関業務などの手続きを代行してくれる業者である。50以上もの国と取引するためには、多岐にわたる言語での対応が必要だ。取扱説明書などを輸出先の言語でつくる際、幅広い言語に精通しているフォワーダーの担当者が大いに力を発揮してくれたという。ほかにも、海外の税関職員には畳自体を知らない人が多いため、輸出入の際に商品を分類するHSコードを記載した方がよいなど、自社では気づけない細かな部分を指南してもらうことができた。森田畳店は、国際輸送のエキスパートにアドバイスを仰ぐことにより、小所帯の企業ながら多くの国に商品を提供することができたのである。

二つ目の連携相手は支援機関である。国や自治体が設置する、ノウハウやネットワークをもった支援機関は非常に心強いものである。

フランスに駅弁を広めている㈱花善は現地に店舗を構えるに当たって、日本にはない商習慣に戸惑った。立地の良いハンバーガー店の居抜き物件を見つけ、不動産業者に申し込みに行ったところ、家主に払う賃料とは別に、営業権を前の借り主から買い取るように言われた。

その相場は、前に営業していた店の年商程度とかなり高額である。本当に必要な出費なのか確かめたい。ほかにも日本にない商習慣があるかもしれない。社長の八木橋さんは不安に思ったが、そうした疑問を自分だけで解決するのは難しかった。

そこで、日本貿易振興機構（ＪＥＴＲＯ）の「新輸出大国コンソーシアム」事業を活用し、フランスの商習慣に通じた専門家を派遣してもらった。力を借りて無事に営業権の買い取りを済ませ、路面店をオープンすることができたのである。

㈱花善のように、海外展開を始めたばかりの頃は、未経験のことばかりで苦労が多い。その都度、自ら対応したり、専門家を探したりを繰り返していたのでは、時間とコストがかかってしまう。同社は専門のノウハウや広いネットワークをもった支援機関の助けを借りることで、短期間でスムーズに海外展開を果たしたのである。

また、支援機関からは資金面での援助を受けられることもある。㈱ピコナは世界各地で開かれるアニメの国際見本市に出展し、制作したアニメ作品を披露することで技術力をアピールしている。出展料はもちろん、業界関係者とのトークセッションへの参加費、移動や滞在にかかる費用などがかさむ。

そこで、同社は自治体からの支援をうまく活用した。例えば、フランスの国際アニメーションフェスティバルに参加した際は、アニメスタジオの海外展開を後押しする東京都の支援を受けた。海外のバイヤーを迎え入れるためのブースは、都のパビリオンに設置させてもらった。また、企画を英語で手短に伝えるピッチセッションにも東京都の負担で参加できた。同機構別の見本市に参加する際は、NPO法人映像産業振興機構からの補助金を活用した。同機構は映画やアニメ、漫画、ゲームなど日本のコンテンツ産業の国際競争力を強化しようという財界の提言を受けて設立された組織である。

海外に出て営業活動を行うことに二の足を踏む中小企業は多いのではないだろうか。必ずしも成果に結びつくとは限らないうえ、多額の経費がかかるためである。㈱ピコナは自治体や支援機関の支援をうまく活用し、リスクを軽減しながら果敢に海外に出て、アニメ制作のオファーを得ることに成功している。

三つ目は、現地の取引先である。事例企業の多くは、現地に拠点をもったり、定期的に視察を繰り返したりすることで現地の情報を得ているが、それでも自社でできることには限界がある。頼りになるのが取引する現地の企業というわけだ。

㈱中根庭園研究所は、現地の自然の美しさを取り入れた庭園づくりを行い、海外でも多くの人を魅了してきた。そんな同社には、ある苦い経験があった。1974年、オーストリア・

ウィーンで開かれた万国博覧会に職人を連れて参加し、現地に日本庭園をつくって出品した。金賞を獲得するほどの評価を得たものの、15年後にそこを訪れると木々が好き放題に伸びたり、石組みが倒れたりと荒れてしまっていたのである。

遠く離れた海外の庭園を管理しに行くことは、時間や費用がかかるため難しい。それでも庭園を美しく保つためにはどうすればよいか。そう考えた中根さんは作庭の際にあえて日本から職人を連れていかないようにした。施主に現地の造園業者を手配してもらい、彼らに設計の意図を伝え、施工を指導することに集中した。完成までの期間を通して、日本庭園の造園に関する知識やスキルを身につけてもらい、その後のメンテナンスを任せられるようにしたのである。

完成した庭園がいつまでも美しい姿であれば、それを見た人への宣伝効果も見込める。同社は現地の造園業者を育成し、自身の手の届かない管理を任せることで、いつまでもきれいな庭園を残している。

事例企業はいずれも、明確な目的をもったうえで、自社に不足している点を補うために適切な外部資源を探し当てたからこそ、海外での成功を手に入れることができたのである。

ここまで、日本らしさを海外展開していくうえで事例企業が直面した共通の課題として、商品・サービスのカスタマイズと円滑な供給への工夫、外部資源の活用の三つについてみてきた。12社の事例はいずれも現地のニーズをしっかり分析し、進出国に受け入れられるよう商品やサービスをブラッシュアップしていった。また、国内とは勝手が異なる海外でも円滑に商品やサービスを届けられるよう、柔軟に供給網を整えた。こうした道のりは決して平坦ではなかったが、自社の力だけでは越えられない壁を外部と連携することで何とか乗り越え、海外へと歩みを進めたのである。

# 第3章 海外展開がもたらす恩恵

前章では、事例企業が海外展開するに至った動機と展開の過程で直面した課題についてみてきた。海外での需要が顕在化していなかった(B)市場創出型の企業であれば、進出先を決めるところから現地調査を重ねるなど入念な準備が必要になったし、海外での需要が顕在化していた(A)市場代替型や(C)機会発見型の企業であっても、実際に海外展開を進めていくうえでは(B)市場創出型の企業と同様に商品・サービスのカスタマイズ、円滑な供給への工夫、外部資源の活用という課題に直面した。需要が顕在化していたかどうかによらず、海外に自社の商品やサービスを浸透させるのは簡単ではなかった。

しかし、苦難を乗り越えて海外展開をしたからこそ、得られた成果は非常に大きい。自社の成長はもちろん、地元の地域や日本の国レベル、さらには世界の人々に与える影響もある。本章では、事例企業が日本らしさを海外展開したことによる自社の成果と、そこから広がる波及効果について分析していく。

## 1　日本らしさを海外展開したことによる成果

まずは、事例企業が日本らしさを海外展開したことで得られた成果について確認していこう。売り上げの増加や業績の改善はもちろんだが、海外に打って出たからこそ得られたといえる成果がある。事例企業を横断的にみると「高付加価値化」「生産・販売余力の活用」「技術の応用」の三つにまとめることができそうである。

### (1)　高付加価値化

事例企業は自社の商品やサービスを進出先に広めていくため、現地のニーズに合わせてカスタマイズしてきた。その結果、商品やサービスの付加価値を一層高めることができたのである。

高付加価値化に成功した事例を2社みていこう。まず、緑茶を精製している杉本製茶㈱（事例2）の主な販売先の米国には健康意識の高い人が多い。日本茶ならではの風味や味わいが好評なのに加え、カテキンやビタミン類を含む緑茶は健康食品としての期待も込められて人気を博している。社長の杉本さんは、米国人が緑茶に向ける健康食品としての需要には、飲み物でなくても応えられると気がついた。

そこで、緑茶を粉末状にした商品を開発したのである。パスタやパン、ケーキなどの食べ物に混ぜることで、緑茶の栄養素を取ることができる。この結果、すでにあった飲用の緑茶と需要を奪い合うことなく用途を広げることができ、販売量を一層増やすことに成功した。加えて、同じティースプーン一杯分の緑茶でも、飲用よりも粉末の方が使用する茶葉が多いため、商品単価を高めることもできた。

もう一社は、けん玉の製造販売を行う㈲山形工房（事例12）である。同社は、海外のプレイヤーの声に耳を傾け、商品開発に反映させてきた。

海外では派手な技が好まれ、もっと難しい技を決めたい、新しい技を開発したいと考えるプレイヤーが多くいる。そんな要望に応えるために、皿や玉の穴の大きさを少し大きくしたり、軽量化を図ったりすることで、アクロバティックな技を出しやすいけん玉を開発した。ただし、軽量化を図ると耐久性が落ち、玉が当たると皿やけん先が欠けてしまうことがある。そこで、強度を高めるため、地元の森林組合や製材業者と協力して丈夫で高品質な国産のブナやサクラを安定して確保する態勢を構築した。

また、デザインにも派手な見た目を好む海外プレイヤーの嗜好を反映させた。カラーバリュエーションを増やしたり、十二支やサクラの花など日本らしい図案をあしらったりしたほか、自社のけん玉ブランド「大空」のロゴを刻印したりと改良を重ねた。

機能性やデザイン性を向上させるのに合わせ、販売価格も上げている。当初、ほとんどの製品の価格は１０００円程度だったが、今では倍の２０００円程度になった。４０００円を超える商品もよく売れるという。

海外に向けて開発した、技が決めやすく華やかな見た目のけん玉は、日本国内でも若者を中心に販売数を伸ばしている。価格は海外と同じである。日本では、製品を改良しても値上げするのをためらう企業が多いなか、良いものであればそれに見合った価格を払うべきだという考えが一般的な海外でビジネスをしてきたからこそ、㈲山形工房は商品の魅力を丁寧に示して、国内でも販売価格を上げることができた。

これら2社は、進出先のニーズをくみ取り、製品に反映させることで海外の消費者に向けて付加価値を高めていった。それが、価格向上のかたちで自社の売り上げ増加にも大きく貢献しているのである。

## (2) 生産・販売余力の活用

海外に進出するメリットの一つに、国内にはないまったく新しい市場の獲得がある。国内需要の減少で生じた生産・販売余力を海外需要にうまく振り向け、新市場開拓に活用できることが、海外展開による二つ目の成果として挙げられる。とりわけ、国内市場の減退がみられる(A)市場代替型と(B)市場創出型の企業にとってその恩恵は大きい。

まずは(A)市場代替型の事例をみてみよう。森田畳店（事例3）は代表の森田精一さんを含めて3人で稼働している。小規模店であるから、経営維持に必要な受注は、1件当たりの注文量にもよるが月におおむね6件ほどだという。昔ながらの手作業で畳を製造する同店は、品質には自信があるのだが、機械で大量生産する大手と価格では勝負ができない。いつしか、月に6件の受注を確保するのも厳しい状況に追い込まれてしまった。仕事を休む日もあったという。

状況を打開するために力を注いだのが、海外への輸出である。品質の高い同店の畳は、世界各地の親日家に好まれ、本格的に輸出を開始した2000年から数えると、延べ50を超える国から合計700件以上を受注している。国ごとにみると、受注の多い順に米国が140件、英国が90件、シンガポールが60件と続く。地域に大きな偏りがないから、特定のカントリーリスクを負うことなく安定した受注を確保できている。月間の受注件数は輸出分だけで平均3、4件あり、3人でこなせる仕事の半分以上を海外需要で賄っている。長年培ってきた技術を3人でフルに発揮することができている。

次に(B)市場創出型の事例をみていこう。一般社団法人アプチーズ・エンタープライズ（事例8）は、プロの阿波踊り集団としてイベントへの出演依頼を受けるほか、ホールや会議室、ライブハウスなどの会場を押さえて自主公演も行っている。

公演は5人前後の少人数で行うことを基本としており、広い場所でなくても披露できるので、阿波踊り祭り以外のさまざまなイベントに活躍の場を広げることができた。少人数だと見応えがなくなってしまうのではないかと思う人がいるかもしれない。そうならないよう、観客をステージに上げて一緒に踊ったり、マイクパフォーマンスや芝居を演目に盛り込んだりといった、場を盛り上げる工夫をしている。ただ、当初は営業に苦戦したという。本家である徳島県徳島市の阿波踊りはもちろん、東京都の高円寺、埼玉県の南越谷などの阿波踊りも夏祭りとして大々的に行われている。広い会場で大人数が隊列を組み、整然と踊る姿を思い浮かべる人が多いため、少人数で、ましてや会議室やライブハウスで踊っているところを見て楽しむというイメージが、相手にうまく伝わらなかったのである。

安定した売り上げを確保するにはどうすればよいか。目を向けたのが海外であった。祭りとセットの伝統的な阿波踊りになじみのない海外の顧客であれば、先入観がないため少人数によるパフォーマンスでも、独立したエンターテインメントとして受け入れてもらえるだろうと考えたのである。もくろみは当たり、これまでに20カ国60都市以上で阿波踊りを披露している。一緒に踊りたがる人が多い国、静かに集中して鑑賞する人が多い国と、観客の反応は異なるが、いずれも祭りの踊りとしてよりも芸術性の高いエンターテインメントとして広く受け入れられるようになったのである。

海外での活動が軌道に乗ると、メディアで取り上げられるなど国内での注目も高まった。今では国内外で年間３００を超える公演を行うまでに成長している。海外展開することで稼働率を高めた同法人は、活動をさらに増やすため、新たなメンバーを募集しているという。

紹介した2社のように、国内需要の減少に直面し、設備や従業員を持て余す状況に陥る中小企業は決して少なくないと思われる。人口減少の進行に伴い、この先の国内需要はさらなる減少が懸念される。中小企業にとって、減少した需要を補い、生産・販売余力を活用する手段として海外展開が重要な役割を果たすのではないだろうか。

## （3）技術の応用

既存の設備や技術、ノウハウといった経営資源の使い道の幅を広げることにより、新たな商品やサービスを生み出すことができる。三つ目の成果は、海外展開を機に出会ったことのない文化や考え方に触れ、既存の技術に新たな使い方を見いだすこと、すなわち技術の応用である。

具体的な事例を2社紹介しよう。和紙でつくる盆提灯の絵付けを行う家田紙工㈱（事例4）は、雪の結晶の形を模した窓飾り、SNOWFLAKEを開発した。もともと自社が絵付けする提灯用の紙を独自の仕様で職人に特注していたことから、さまざまな質感や厚み、強度の紙をつくるレシピをもっていた。そのノウハウを生かして、雪の結晶をうまく再現できるように配合を調整したのである。

　また、繊細な雪の結晶の形は、和紙をすくための簀桁《すけた》に型をセットしてつくる。型づくりには、絵付けをするために使っていたスクリーン印刷の版を製作する機械を援用している。家田さんがロシア人女性との出会いをきっかけに、すでにもっているノウハウや設備をうまく応用して生み出したのがＳＮＯＷＦＬＡＫＥなのである。

　ほかにも、同社は次なる海外展開の柱として、誕生日や結婚式に送るグリーティングカードをつくっている。欧州や米国ではイベントの際にグリーティングカードでメッセージを送る習慣が根づいている。工夫しているのは、図柄である。地中海周辺ではタツノオトシゴ、もっと範囲を絞って、フランス南部のニースではセミの形の和紙をカードに貼り付けている。それぞれの地域で縁起が良いとされているものである。

　いずれも国内では着想が難しく、海外現地の文化を知ったからこそ、つくることができたのであり、そこに日本の美濃和紙の技術が応用されているわけだ。

　もう一社みていこう。前掛けの製造販売を行う㈲エニシング（事例7）は、米国やフランス、英国など常時15カ国ほどの国に商品を輸出している。１００年前の織機でつくられるという商品の背景や歴史、そして職人技が支持されている。

　同社が海外に向けて新たに始めたのが、顧客が選んだ素材でオーダーメードの生地を織るサービス「縁布《えにふ》」である。海外のデザイナーからの依頼がきっかけとなった。伝統ある織機とそれを使いこなす職人技が見込まれて、トートバッグをつくるために毛糸を混ぜた生地を織ってほしいと頼まれたのである。

この仕事がうまくいったことをきっかけに、社長の西村さんは、和紙などのより日本らしい素材を織り込むことを試し、実用化を果たした。伝統に価値を見いだす海外文化に触れたことで、既存の技術を前掛け以外に応用する新たなサービスを生み出すことができたのである。

これら2社は、既存の経営資源をうまく応用することで、海外に向けた新しい商品やサービスを生み出している。かつてない用途への応用は、発想自体が困難である。海外に展開し、現地の文化や考え方を知ったり、あるいは現地の顧客のニーズに応えたりしたからこそ、自社がもつ経営資源の新たな活用方法を見いだすことができたのである。

ここまで、海外展開が自社にもたらした成果についてみてきた。事例企業はいずれも、海外に目を向けたことで国内にはなかった文化や価値観に出会い、具体的なニーズを発見するに至った。その結果もたらされたのが、「商品の高付加価値化」「生産・販売余力の活用」「技術の応用」という三つの恩恵だったのである。

## 2 広がる波及効果

海外展開は、中小企業が自社を成長させるうえで効果的であるばかりではない。事例企業を調査すると、海外展開の成果は自社内にとどまらないこともわかってきた。地元の地域や日本の国レベル、さらには世界の人々にまでその波及効果は及んでいる。最後に、事例企業が海外展開をしたことによる波及効果を「周辺への経済効果」「文化の維持・国際化」「文化力・経済力の強化」の三つの切り口でみていきたい。

### (1) 周辺への経済効果

一つ目の波及効果として周辺への経済効果がある。海外に展開して業績を上げたことで、取引先に利益を還元したり、自社がハブとなって同業者の仕事を増やしたり、あるいは他社が海外展開しやすくなることでプレイヤーを増やして業界全体を活性化させたりしている。

まずは、取引先への好影響について事例をみていこう。お茶の精製加工を行う杉本製茶㈱は、米国を中心に緑茶を海外展開している。飲用の緑茶だけでなく、健康食品として粉末状にした商品を開発し、販売量と取引単価を高めることに成功している。結果、可能となったのが仕入先である契約農家の待遇向上である。

静岡県は茶の生産量で日本一を誇り、島田市は県内でも主要な生産地である。しかし、茶農家は高齢化が進んでいる。茶畑の多くは山の斜面や台地にあることから機械の導入が難しく作業負担が重いため、生産量が減少しているという。加えて、急須で入れる緑茶の国内消費は減少傾向にある。将来への不安から後継者が不足し、農家の数は減っている。

こうした状況のなか、生産者からも期待が寄せられているのが輸出である。欧米諸国は健康志向が高いことから、農薬や化学肥料を使わずに育てる有機栽培に取り組む農家も少なくない。杉本製茶㈱では、海外に向けて販売する飲用や粉末状の緑茶には、有機栽培で育てた葉を使っている。健康志向の消費者にとって付加価値は高く、取引単価を高めることにつながった。得られた利益は、仕入価格に反映させて契約農家に還元している。杉本製茶㈱の契約農家では、すでに後継者を確保できているところが多いという。同社は海外に緑茶製品を届けることで、仕入れ農家にも新たな恩恵をもたらしている。

続いて、同業者に受注を広げている事例をみてみよう。森田畳店は、世界各国に畳を輸出している。職人が手作業で製造する同店の畳は、日本文化を愛する海外ユーザーに好まれている。顧客は、和の空間をつくるために、畳のほかにもふすまや障子、屏風《びょうぶ》、ひのき風呂といったアイテムを求めることが多い。問い合わせを受けると、輸出のノウハウのある同店がそれぞれの専門店と連携、まとめて注文を受け、畳と一緒に送るようにしている。同店が輸出に力を入れたことで、和室や日本家屋にかかわるほかの専門店も海外展開のきっかけを得られたのである。

森田畳店が海外の販路を開拓した恩恵は、畳を販売する同業者にも及ぶ。多数の海外販売実績をもつ同店の元には、ファッションショーのランウェイに敷きたい、ハリウッド映画のセットに使いたいといった大きな仕事の依頼も集まる。一度に100畳、200畳という大口受注のときは、3人で稼働する同店だけで期限どおりに仕事を終わらせることはできない。頼るのが地元の同業者というわけだ。複数の畳店と作業を分担することで、納期に間に合わせている。映画が日本で封切りになったときは、みんなで映画館に行き、納品した畳が重要な場面で使われているのを見て大喜びしたという。

同業者は、海外から面白い注文があればぜひ手伝いたいと言っているそうだ。森田畳店が海外展開に力を入れたことは、国内ではパイを取り合う近隣の畳店にも大きな好影響を及ぼしているのである。

最後に、業界全体の成長に貢献している事例である。昆布製品を製造する㈱丸善納谷商店（事例6）は、英国やオーストラリアに輸出している。ターゲットとしたのは、動物性の食品を食べない、ビーガンの人である。西洋のだしといえばブイヨンだが、肉や魚からつくられるため、ビーガンの人が食べる料理には使えない。代わりにうま味を引き出す素材として、昆布が受け入れられるのではないかと考えたのである。

ビーガンの人たちは自身の健康や環境への配慮から、化学物質を使わない有機栽培の素材を重視する。ビーガンの人が多く利用する現地の小売店からは、有機であることを示す何らかの認証の取得を求められた。

そこで専務の納谷さんは、日本農林規格等に関する法律に定められている有機ＪＡＳ認証を得たいと考えた。しかし、当時は農産物や加工食品などの規格はあっても、昆布を含む藻類については認証制度がなかった。納谷さんは、農林水産省に掛け合って、藻類の規格の制定を求めた。国内の昆布を海外に販売しようとする動きに農林水産省も好意的で、有識者を集めて検討を始めてくれたという。その結果、２０２１年１月には有機藻類が有機ＪＡＳ認証の規格の一つに加えられ、同社は２０２２年７月に有機事業者の認証を得ることができた。

このことは、仕入先である昆布の生産者にもメリットがある。天然物が中心の昆布生産に養殖という選択肢が加わることになったからである。有機昆布は、育成を促す薬品を使わず養殖で生産する必要があるため時間と手間がかかる。ただ一方で、天然昆布の収穫時期は7月から8月に限られるのに対して、有機昆布は養殖の時期をずらせるため、年間を通じた収穫が可能である。つまり、生産者は収入を安定させられるのである。

海外にはビーガンに限らず、食の安全や健康、環境への配慮を大切にする人が多く、有機昆布には大いに将来性がある。納谷さんの努力で有機ＪＡＳ認証を適用できるようになったことは、昆布業界全体にとって世界への窓口が広がる結果となったのである。

これら3社は、海外展開することで自社を成長させたのはもちろんだが、取引先や同業者そして、業界全体にも刺激と恩恵をもたらしている。たとえ中小企業であっても、海外で活躍し、周辺に大きな波及効果を与えることができるのである。

### (2) 文化の維持・国際化

二つ目の波及効果として期待されるのは、日本らしい文化を維持していくこと、そしてそれを国際化していくことである。国内の人口減少や生活様式の変化などによって衰退を余儀なくされている日本独自の文化は少なくない。そうしたなかで、事例企業が海外に展開したことは、まず、文化の担い手となる人たちの仕事と生活を守って、文化を維持することにつながり、かつその技術や製品を知らしめることで、日本文化の国際的評価を高める役割を果たしている。次に言えるのは、海外に出て現地の考え方や文化と刺激し合うことにより相乗効果が生まれ、国内とは違ったかたちの展開につながること、つまり日本文化の国際化が起きていることである。

まずは、文化の維持に寄与しつつ、国際的な支持を集めている事例をみていこう。２００７年に前掛けの海外展開を始めた㈲エニシングがそうである。

室町時代に生まれたとされる前掛けは、江戸時代、明治時代と商売人の間で重宝され、戦後の経済成長期には需要が一気に増加した。しかし、１９８０年ごろになると仕事着の多様化や海外の安い繊維製品の流入などがあったことから、急速に生産量が減っていった。２００４年、まだ前掛けを自社生産せずに問屋から仕入れていた同社は、大量注文を受けたことを機に、職人から直接買い付けようと生産地である愛知県豊橋市の工場を訪れた。豊橋市は前掛けの生産が盛んで、最盛期には糸づくりや生地織り、染色などを行う工場が１００軒以上あったという。しかし、社長の西村さんが現地を訪れた頃にはわずか数軒にまで減っていた。話を聞いた生地職人が、「前掛けはじきになくなる」と言うほど、つくり手が将来に希望をもてない状況だった。

西村さんは、製品の背景にある伝統や歴史を重視する欧州諸国の考え方を踏まえ、前掛けの文化を発信しながら営業することで、常時15カ国に輸出するまでになった。販売数の増加に伴って、２０１９年には豊橋に自社工場を建てた。それに先立ち、くだんの職人の元に従業員を弟子入りさせ、技能継承を図った。工場の稼働に向けて職人の育成に取り組んだのである。加えて、求人を行ったところ、全国から30人ほどの若者の応募があった。なかには海外留学の経験がある優秀な人材もいたという。海外展開で成果を出していたからこそ、語学力を生かしたい、日本文化を発信したいという意欲のある若者を前掛け業界に呼び込むことができたのである。

工場を建てる際、西村さんは自治体から、豊橋で繊維工場の建築申請が行われたのは半世紀ぶりだという話を聞いた。また、一度は前掛けづくりをやめていた豊橋のメーカーが、最近になって製造を再開したという話も耳にした。㈲エニシングが海外展開したことが、前掛け文化の担い手の確保、産地の再興に貢献したことは間違いない。それだけでなく、伝統や歴史を世界に知らしめることで、前掛けの国際的な評価を高めることにも貢献している。

次に、日本文化の国際化の事例をみていこう。地元静岡県のお茶を精製加工している杉本製茶㈱は、米国で販売するに当たって日本国内と同じくお湯を沸かして飲むリーフタイプの緑茶のほか、食品の原材料や料理の調味料として使用する粉末タイプのお茶を開発した。

そのきっかけとなったのは、現地の消費者の健康志向だった。飲み物としての日本茶を好む米国の消費者には、健康に良いことを理由に挙げる人が多い。そこで、社長の杉本さんは発想を転換、お茶に含まれる成分を摂取するには、必ずしも飲み物である必要はなく、粉末にして食べ物として販売すればよいと考えたのである。

粉末タイプの開発に合わせて、料理のレシピも開発し営業に取り組んだ。レシピは英語版のホームページで、動画や写真を使ってわかりやすく紹介している。パンやケーキに練り込んだり、バニラアイスに振りかけたり、パスタにかけるクリームソースにしたりと、その数は約40に上る。料理に風味と彩りが加わるうえ、お茶に含まれるカテキンやビタミンを手軽に摂取できることが好まれている。

その結果、現地の飲食店や食品加工会社などが興味を示し、取引の拡大につながった。飲用以外に用途を拡大できたことから、顧客1人当たりの消費量が増加し、販売量も増加した。杉本さんによれば、同社が海外に販売している商品のうち、5～7割は飲み物ではなく、食べ物として消費されているという。その後は米国のほか、同じく消費者の健康志向が強いドイツやスイスなど欧州の国にも取引を広げた。欧米人の健康意識の高さに刺激を受けた杉本製茶㈱は、粉末タイプという、国内で流通するのとは違ったかたちで、日本のお茶文化を世界に広めているのである。

このように、中小企業の海外展開は、存亡の危機に瀕した文化の担い手を守り、あるいは育成して文化の維持に貢献したり、異文化の刺激を受けてかたちを変え、日本文化を国際化させたりすることで大きな役割を果たしているといえる。

## (3) 文化力・経済力の強化

ここまで、事例企業が海外展開をしたことによる波及効果として、一つ目に周辺への経済効果、二つ目に文化の維持・国際化についてみてきた。事例企業はいずれも企業規模こそ大きくないが、経済的にも文化的にも大きな成果をあげていることがわかった。

今後、国内の人口が減少していけば、海外展開に取り組む中小企業は増加していくことが予想される。それに伴って、日本全体にも良い影響が及ぶはずである。波及効果の最後に、日本らしいソフトな製品やサービスを海外に展開する中小企業が増えることによる、国としての文化力と経済力の強化について考察していきたい。

まず、日本の文化力についてである。事例企業が日本ならではの文化の維持やその国際化に寄与していることは先述したとおりである。途絶えそうな文化を再び盛り上げたり、海外の考え方を取り入れた発展的な製品・サービスを生み出したりする企業が増えることは、外国人の関与の強まりを通じて、日本文化全体が奥深さと多様性を増すことにつながる。いわば文化力の強化だ。

内閣府知的財産戦略本部「クールジャパン戦略」（２０１９年）は、内閣府が意見交換を実施した外国人の多くが、食やアニメといった具体的なコンテンツを入り口に日本に関心をもち、その背景にある日本の歴史や伝統、日本人の行動様式などに共感し、日本への愛情を育んでいると指摘している。また、同じく内閣府の「クールジャパンの再生産のための外国人意識調査」（２０１７年）の結果を引き合いに、多様な入り口から日本に興味をもった人たちが、その分野をさらに深く追究したり、入り口とは異なる分野にも関心を広げたりしている傾向がみられるとも述べている。

そうした多様な入り口の一つとなり得るのがソフトな海外展開を行う中小企業である。お茶の文化で言うならば、事例企業の杉本製茶㈱が欧米で広めた健康食品としての粉末タイプの緑茶をきっかけに、飲み物としての日本茶に興味をもつ人もいるはずである。なかには、日本伝統の茶道に関心を広げていく人もいるだろう。茶室を知った外国人が日本建築に傾倒し、森田畳店から畳を購入するかもしれない。外国人という新たなプレイヤーが加わることで、日本文化の多様性がこれまで以上に輝きを放つことになるに違いない。

さらに、外国人の参加は日本文化をもっと奥深いものにしていくと考えられる。茶道もそうだが、殊に武道や舞踊などでは、外国出身の人が国内外で指導者を務めるような例をよく耳にするようになった。強い関心をもって日本文化にかかわり始めた外国人は、日本人以上にその道を究めることも多いのである。

本書で紹介した剣道具の販売店、天風堂（事例10）の外国人顧客には、オーストラリアや英国などで道場主となっている人も多く、五段や六段など高い段位を取得している。剣道の技術だけでなく、道具を長く大切に使うという剣道の精神を日本人以上に大切にしている外国人剣道家もいるという。

世界各国で阿波踊りを披露する一般社団法人アプチーズ・エンタープライズには、踊りを見て感動した海外の人たちから指導の依頼がくることも多い。イタリア・ミラノでは同法人がレッスンをしたことがきっかけで、阿波踊りのチームをつくりたいという声が地域であがったという。国内でも、外国人が同法人のチームのメンバーになったり、徳島市の阿波踊り祭りに外国人だけで編成されるチームが参加したりしている。国内外で、多くの外国人が阿波踊りの文化に参画していることがわかる。

事例企業が多様な入り口の一つを提供しているからこそ、外国人がかかわり、文化に深みが生まれることを、これらのエピソードが示している。このように、深みと多様性の両面で日本の文化力が強化されていけば、外国人の支持は一層広がり、独自性豊かな文化国家としての日本のステータスは世界のなかで際立ったものになるだろう。それがまた、海外に展開して文化力の強化に一役買う中小企業の増加につながるという好循環も生むはずだ。

次は、日本の経済力の強化についてである。中小企業のソフトな海外展開が国としての経済力を高める理由は、国際収支の改善に寄与すると考えられるからである。収支改善の第1のルートは、当然ながら輸出の増加である。最近は海外で日本食への関心が急速に高まり、日本の農水産物輸出が貿易収支にプラスに働くようになってきたことは周知のとおりである。同様のことは、日本らしい文化を海外に展開する中小企業の輸出にも当てはまる。

第1章でみたとおり、先進工業国として世界屈指の輸出大国となったわが国だが、新興国の追い上げを受け、国際競争力は相対的に低下、最近の円安傾向や世界の情勢不安に伴うエネルギー価格の高騰により輸入が増加していることもあって、日本の貿易収支は大幅なマイナスが２０２１年11月から１年以上も続いた。しかし、これまでみてきたとおり、事例企業による輸出は日本らしい製品・サービスであるうえに、長年培った独自の技術やノウハウが生かされているため、進出先に競争相手はほぼいない。輸出競争力はきわめて高いのである。

その結果、輸出が売り上げ全体の大半を占めるに至った企業もある。健康に良いと評判だった日本茶を飲み物だけでなく食べ物としても親しんでもらえるよう、粉末茶の販売に力を入れた杉本製茶㈱は、海外展開に取り組むことで年商を約7倍に増やし、現在の年商の8割を海外分の売り上げが占めている。

日本らしい製品やサービスを国内に限って展開する中小企業をみると、人口の減少や生活様式の変化による需要の低迷で苦境に立たされているケースが少なくない。しかし、そうした分野ほど、世界に目を向けたときの伸びしろは大きいかもしれない。日本国内では当たり前で目立たなかったものが、海外では大きな競争力になり得ることを事例企業は証明している。日本らしさを武器に世界へ商圏を広げる企業がさらに増えていけば、日本からの輸出の増加を促し、貿易収支の改善というかたちで日本の経済力の強化を支えることになるはずである。

収支改善の第2のルートは訪日外国人観光客（インバウンド）の増加である。インバウンドが日本で買い物をしたり、宿泊や飲食をしたりすることは、日本にとって財やサービスの輸出に当たる。そして、日本らしい文化がそのための資源としても有用であることは言うに及ばない。中小企業の海外展開によって発信された多様で奥の深い文化は、多くの外国人を日本にひき寄せる。

観光庁が実施している「訪日外国人消費動向調査」では、インバウンドが滞在中にしたことについて、複数回答で尋ねている。２０１９年の結果をみると、「日本食を食べること」が96・６％と最も多かった。ほかには「日本の歴史・伝統文化体験」（28・７％）や「日本の日常生活体験」（22・５％）、「日本のポップカルチャーを楽しむ」（13・５％）と回答する訪日外国人もいた。来日した際に、本書で取り上げた芸術・工芸品、食、生活様式、エンターテインメントの四つの分野を堪能する外国人が多いのである。

事例企業として紹介した食品サンプルの製造会社、㈱デザインポケット（事例９）の元にも多くの外国人が訪れる。同社は飲食店やホテルに食品サンプルを販売するだけでなく、一般向けの製作体験教室も開いている。価格は３０００円程度で、１時間ほどのプログラムでたこ焼きや寿司などの食品サンプルをつくる。ホームページには、インバウンドの団体客が楽しそうにサンプルづくりを体験する写真が収められている。韓国や台湾、インドネシア、米国、オーストラリアなどさまざまな国の人が訪れているという。日本から輸出され、お国のレストランのショーウインドーに並べられた食品サンプルを見て、自分でつくってみたいと興味をもつ外国人が多いのだそうだ。

第1章で触れたとおり、日本政府観光局が公表している年間の訪日外客数は増加傾向で、コロナ禍に入る前の2019年に、約3200万人と過去最高を記録した。コロナ禍に入り一時は激減したものの、感染状況が落ち着き、2023年4月には月間で200万人程度まで回復している。財務省が公表している「国際収支状況」によれば、日本人の海外旅行と外国人の日本旅行を相殺した旅行収支は2014年までマイナスだったが、インバウンドの増加に伴い、2015年以降はプラス水準が続いている。中小企業の海外展開が日本文化の発信の一翼を担うことでインバウンドが増え、日本の国際収支の改善に貢献し、国の経済力を高めることになるといえる。

実は、わが国は国際収支の観点でみてすでに発展のピークを過ぎたともいわれる。伊藤・財務省財務総合政策研究所（2013）は英国の経済学者ジェフリー・クローサーによって1957年に提唱された国際収支の発展段階説を紹介し、戦後の日本の国際収支はおおむねこの発展段階説に沿って推移していると指摘する。この説は、一国の国際収支構造について、フローの収支の指標である①貿易・サービス収支、②第一次所得収支、③経常収支の三つの項目（図－６）に、ストックの貸借の指標である④対外純資産残高（対外資産残高から対外負債残高を差し引いたもの）を加えた四つの指標が、経済発展とともに「未成熟な債務国」から「債権取り崩し国」まで六つの段階を経ながら変化していくとする（表）。

棚瀬（２０１９）は、国内の生産能力や金融資産市場が未発達な新興国が初期の発展段階、経済が成熟した先進国が後期の発展段階になる傾向があると指摘し、最終段階である債権取り崩し国については、輸出競争力の低下や輸入への依存により貿易収支が悪化した結果、外貨を稼ぐ力が低下、蓄積した対外資産を取り崩してもなお、経常赤字が続き、最終的には対外純資産がマイナスに、つまり債務国に転じることもあり得ると説明している。

財務省が公表した２０２２年の日本の国際収支は、貿易・サービス収支がマイナス21兆１６００億円の赤字、第一次所得収支が35兆１９００億円の黒字、経常収支は11兆５５００億円の黒字、対外純資産は４１８兆６３００億円のプラスである。従って、現在の日本は第５段階の「成熟した債権国」に当たるといえる。このまま発展段階説に沿って進めば、債権取り崩し国となる日が遠くないかもしれない。

しかし、これまで述べたとおり、中小企業による日本らしいソフトな海外展開は、貿易収

## 図-6　国際収支の構造

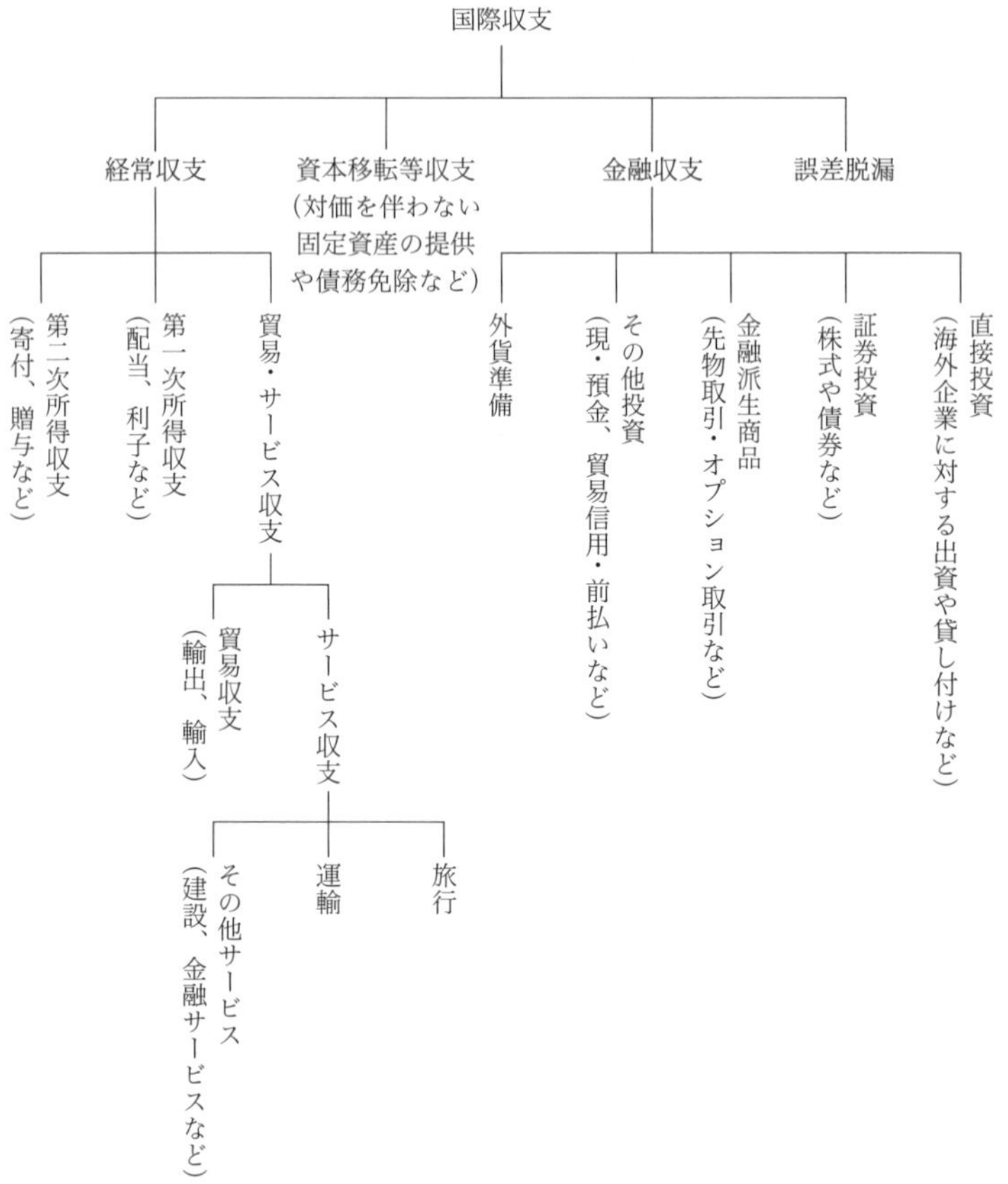


資料：西村陽三・佐久間浩司『新・国際金融のしくみ』（2020）をもとに作成
（注）1　国際収支に計上される取引は、複式簿記の原則によって貸方と借方に同額計上される。経常収支と資本移転等収支では貸方がプラス、借方がマイナス、金融収支では貸方がマイナス、借方がプラスである。
　　2　経常収支＋資本移転収支等＋誤差脱漏＝金融収支が成り立つ。

## 表　国際収支の発展段階説における各段階の概要

| | 第１段階<br>未成熟な債務国 | 第２段階<br>成熟した債務国 | 第３段階<br>債務返済国 |
|---|---|---|---|
| 貿易・サービス収支 | 赤　字 | 黒　字 | 黒　字 |
| 第一次所得収支 | 赤　字 | 赤　字 | 赤　字 |
| 経常収支 | 赤　字 | 赤　字 | 黒　字 |
| 対外純資産残高 | マイナス | マイナス | マイナス |
| 概　要 | 資材や資本を海外からの調達に頼るため、貿易・サービス収支、所得収支ともに赤字。 | 輸出産業が成長し、貿易・サービス収支が黒字化。対外債務の利払いが続くため所得収支は赤字。 | 輸出が一層拡大し、貿易・サービス収支の黒字幅が所得収支の赤字幅を上回り、経常収支が黒字化。 |
| | 第４段階<br>未成熟な債権国 | 第５段階<br>成熟した債権国 | 第６段階<br>債権取り崩し国 |
| 貿易・サービス収支 | 黒　字 | 赤　字 | 赤　字 |
| 第一次所得収支 | 黒　字 | 黒　字 | 黒　字 |
| 経常収支 | 黒　字 | 黒　字 | 赤　字 |
| 対外純資産残高 | プラス | プラス | プラス |
| 概　要 | 対外資産の増加に伴い、所得収支も黒字化。対外資産が積み上がる。 | コストの増加で対外競争力が低下し、貿易・サービス収支が赤字化。所得収支の黒字幅が大きく、経常収支は黒字。 | 貿易・サービス収支の赤字が拡大し、所得収支の黒字を上回り、経常収支が赤字化。 |

資料：内閣府「日本経済 2019-2020」、伊藤元重・財務省財務総合研究所『日本の国際競争力―貿易・国際収支の構造的変化がもたらすもの』(2013 年) をもとに作成
(注)「赤字」「マイナス」に網かけをしている。

支、サービス収支いずれの面でも競争力の強化に貢献する。これまで大企業を中心とする工業品輸出や対外投資から得られる利子・配当を主な収益源としてきた日本の国際収支に、中小企業によるソフトな製品・サービスの輸出という新たな選択肢が加わったといえる。

文化というキーワードはわが国が債権取り崩し国となるのを阻み、成熟した債権国にとどまり続けるための切り札になる可能性もあるのではないだろうか。第1章で紹介したように、日本が世界の人気観光地第1位となったことは、長い歴史と独自の文化が世界の人々を魅了してやまないことを裏づけている。その文化力をこそ、厳しい状況を乗り越えて国を富ますための力とすべきである。

事例企業の12社はいずれも日本らしさを武器に荒波に乗り出し、今もチャレンジを続けている。小さい企業だからと尻込みする必要はない。世界にははばたく中小企業に期待したい。

〈参考文献〉

有沢広巳監修、安藤良雄・伊牟田敏充・金森久雄・向坂正男・篠原三代平・竹中一雄・中村隆英・原朗編（１９９４）『昭和経済史　中』日本経済新聞社
伊藤元重編、財務省財務総合研究所編著（２０１３）『日本の国際競争力─貿易・国際収支の構造変化がもたらすもの』中央経済社
経済産業省（２０１６）『通商白書２０１６』勝美印刷
棚瀬順哉（２０１９）『国際収支の基礎・理論・諸問題─政策へのインプリケーションおよび為替レートとの関係』財経詳報社
西村陽造、佐久間浩司（２０２０）『新・国際金融のしくみ』有斐閣アルマ
森武麿・浅井良夫・西成田豊・春日豊・伊藤正直（１９９３）『現代日本経済史』有斐閣

# 第Ⅱ部
# 事例編

日本政策金融公庫総合研究所

主任研究員　笠原　千尋
山崎　敦史
研　究　員　篠崎　和也
西山　聡志
青野　一輝
星田　佳祐
白石　健人

| 3 | 2 | 1 | 事例番号 | |
|---|---|---|---|---|
| 森田畳店 | 杉本製茶㈱ | ㈱中根庭園研究所 | 企業名 | |
| 畳の製造販売 | 茶の精製加工・販売 | 庭園の<br>設計・施工・管理 | 事業内容 | |
| 生活様式 | 食 | 芸術・工芸品 | 分　野 | |
| 1934年 | 1946年 | 1966年 | 創業年 | |
| — | 1,000万円 | 3,500万円 | 資本金 | |
| 3人 | 19人 | 14人 | 従業者数 | |
| 東京都荒川区 | 静岡県島田市 | 京都府京都市 | 所在地 | |
| 国内需要の減少 | 国内需要の減少 | 新天地の開拓 | 動　機 | 事業機会 |
| (A) 市場代替型 | (A) 市場代替型 | (A) 市場代替型 | 動機の類型 | 事業機会 |
| 米国、英国、シンガポール | 米国、欧州 | 米国、ロシア、ウクライナ、オーストラリア | 主な進出先 | 事業機会 |
| 日本好きの人から注文があったから | 同社のお茶を気に入ってくれた米国人がシアトルにいたから | 依頼主のつながりや庭園を目にした人の口コミが広がったことから | 地域を選んだ理由 | 事業機会 |
| 外国語版ホームページの充実、置き畳用のカスタマイズ | 食品の原材料や料理の調味料として粉末茶を販売促進 | 事前の現地調査を踏まえ景観に溶け込むデザインに | 商品・サービスのカスタマイズ | 課題への対応 |
| イラストを使ったわかりやすい説明書 | 安全認証や環境への取り組みにより、取引先からの要請に対処 | 支払い条件の交渉で施主の信用度を見極め確実に代金を回収 | 円滑な供給への工夫 | 課題への対応 |
| 同業者との連携。輸出仲介業者による丁寧なアドバイス | 有機栽培する契約農家との連携 | 現地の人材を育成し、協力関係を築く | 外部資源の活用 | 課題への対応 |
| | 日本と比べて2～2.5倍の価格設定 | 施主の要望と美を両立させ、正統な日本庭園を海外で実現 | 高付加価値化 | 成果 |
| 国内取引の減少を補填しフル稼働 | | 国内取引の減少を補填 | 生産・販売余力の活用 | 成果 |
| | | | 技術の応用 | 成果 |
| 畳店、建具店などへの外注 | 雇用を3倍に拡大。仕入れ価格を上げ農家に利益を還元 | 講演活動を通じて日本庭園の精神を広める | 波及効果 | |

事例一覧①

| 事例番号 | | 6 | 5 | 4 |
|---|---|---|---|---|
| 企業名 | | ㈱丸善納谷商店 | ㈱花善 | 家田紙工㈱ |
| 事業内容 | | 昆布製品の製造・卸売り | 弁当の製造販売、食堂営業 | 和紙の加工販売 |
| 分　野 | | 食 | 食 | 芸術・工芸品 |
| 創業年 | | 1909年 | 1899年 | 1889年 |
| 資本金 | | 1,000万円 | 3,762万円 | 1,000万円 |
| 従業者数 | | 30人 | 46人 | 13人 |
| 所在地 | | 北海道函館市 | 秋田県大館市 | 岐阜県岐阜市 |
| 事業機会 | 動　機 | 国内需要の減少 | 日本の魅力発信<br>商圏拡大 | 新製品の開発<br>販路開拓 |
| | 動機の類型 | (B) 市場創出型 | (B) 市場創出型 | (B) 市場創出型 |
| | 主な進出先 | 英国、オーストラリア | フランス | 欧州、米国 |
| | 地域を選んだ理由 | 欧州のヴィーガン市場に可能性を感じたから | 長距離鉄道網が発達しているから。日本文化に理解があったから | 和紙製品がなじみやすい習慣があったから |
| 課題への対応 | 商品・サービスのカスタマイズ | ヨウ素を抑えた昆布の開発 | パッケージを日の丸カラーに変更 | 現地の文化に合わせたデザインの製品を開発 |
| | 円滑な供給への工夫 | 現地のトップシェフ向けにセミナーを開き、だしのとり方を説明 | 日本から輸入が禁止されている食材は、現地で調達 | 認証が不要な製品にシフト |
| | 外部資源の活用 | マーケティングや商品開発に当たり、JETROや研究機関を活用 | JETRO専門家派遣事業を利用 | JETROの支援。地元の和紙職人の協力 |
| 成　果 | 高付加価値化 | | 列車で食事をするという駅弁ならではの楽しみ方を提案 | 美濃和紙をそのまま販売するよりも高い価格設定が可能に |
| | 生産・販売余力の活用 | 養殖昆布の収穫時期を天然昆布と分けることで収穫を平準化 | | 国内取引の減少を補塡 |
| | 技術の応用 | | | スクリーン印刷の版をつくる技術を援用 |
| 波及効果 | | 海藻類の有機JASの法律施行に貢献 | 地元の子どもたちにチャレンジ精神の大切さを教える | |

| 9 | 8 | 7 | 事例番号 | |
|---|---|---|---|---|
| ㈱デザインポケット | 一般社団法人アプチーズ・エンタープライズ | ㈲エニシング | 企業名 | |
| 食品サンプルの製造販売 | 阿波踊りの公演やイベントの企画・運営 | 前掛けの企画・製造・販売 | 事業内容 | |
| 芸術・工芸品 | エンターテインメント | 生活様式 | 分　野 | |
| 2007年 | 2012年 | 2000年 | 創業年 | |
| 100万円 | ― | 300万円 | 資本金 | |
| 8人 | 5人 | 10人 | 従業者数 | |
| 大阪府大阪市 | 東京都武蔵野市 | 東京都港区 | 所在地 | |
| 海外からの引き合い<br>日本の魅力発信 | 日本の魅力発信<br>販路開拓 | 日本の魅力発信 | 動　機 | 事業機会 |
| (C) 機会発見型 | (B) 市場創出型 | (B) 市場創出型 | 動機の類型 | 事業機会 |
| アジア、米国、欧州 | 欧州、米国 | 欧州、米国 | 主な進出先 | 事業機会 |
| 現地に食品サンプルを製造する企業が少なかったから | エンターテインメントに対しお金を払える経済力があるから | 職人技や伝統に根差した製品が好まれたから | 地域を選んだ理由 | 事業機会 |
| フードコーディネーターが写真をもとに再現した料理で型をとる | 現地の文化や流行に合わせて演目の内容や構成を変える | シンプルな絵柄を企画することで海外の好みに合わせる | 商品・サービスのカスタマイズ | 課題への対応 |
| 食い違いを避けるため、海外の注文にはできる限り自社で対応 | SNSや動画共有サイトで情報を発信し、営業活動に生かす | 前掛けのつけ方をカードや動画で説明 | 円滑な供給への工夫 | 課題への対応 |
| JETROの支援。商店街の商売仲間、協力工場との連携 | 各国の日本大使館やイベント企画会社のネットワークを活用 | JETROの支援。展示会での売り方を他社に教わる | 外部資源の活用 | 課題への対応 |
| 透明感のある素材でつくった高品質な食品サンプルを提供 | | | 高付加価値化 | 成　果 |
| | 国内の夏祭り以外に活動の幅を広げ稼働率アップ | | 生産・販売余力の活用 | 成　果 |
| 料理の色を再現する技術を、料理以外の製品や造作に活用 | | 前掛け生地の製造技術を、ほかの生地を織るサービスに活用 | 技術の応用 | 成　果 |
| 国内の職人の育成と独立に貢献 | 海外での活動が目に留まり、国内でも阿波踊りの注目度が高まる | 衰退していた前掛け産業の再興に貢献。<br>雇用を拡大 | 波及効果 | |

事例一覧②

| 事例番号 | | 12 | 11 | 10 |
|---|---|---|---|---|
| 企業名 | | ㈲山形工房 | ㈱ピコナ | 天風堂 |
| 事業内容 | | けん玉の製造販売 | アニメーションの制作 | 剣道具の販売・修理 |
| 分　野 | | エンターテインメント | エンターテインメント | 生活様式 |
| 創業年 | | 1973年 | 2009年 | 1985年 |
| 資本金 | | 800万円 | 1,000万円 | — |
| 従業者数 | | 12人 | 20人 | 2人 |
| 所在地 | | 山形県長井市 | 東京都渋谷区 | 佐賀県唐津市 |
| 事業機会 | 動　機 | 海外からの引き合い | 海外からの引き合い<br>販路開拓 | 海外からの引き合い |
| | 動機の類型 | (C) 機会発見型 | (C) 機会発見型 | (C) 機会発見型 |
| | 主な進出先 | 米国、欧州 | 英国、フランス、カナダ、米国、中国 | 英国、オーストラリア |
| | 地域を選んだ理由 | 若者のストリート文化になじんだから | アニメの国際見本市が開かれる地域だから | 剣道を普及するための講習会を開く剣道人に随行したことから |
| 課題への対応 | 商品・サービスのカスタマイズ | 海外のニーズに応えられるようデザイン・性能を改良 | ストーリーの単純化 | 道具が壊れた際に当座の修理ができるよう、修理セットを販売 |
| | 円滑な供給への工夫 | 模倣品への対応に海外で商標権取得。全世界対象の保険加入 | 表現の規制への対処や人種、宗教への配慮 | 入金確認後に商品を発送することで確実に代金を回収 |
| | 外部資源の活用 | 地元の木材生産者、製材所との連携 | 東京都、文化庁、民間支援機関の支援 | 剣道を海外に普及しようとするほかの剣道人との協力 |
| 成　果 | 高付加価値化 | 製品の改良を通じて価格を倍以上に | 日本が得意とするセルルック表現を生かした高品質なアニメを制作 | 対面できめ細かく指導することで、最適な道具を見つけられる |
| | 生産・販売余力の活用 | | | 店番を妻に依頼して、1年の3分の1程度海外に渡航 |
| | 技術の応用 | アクロバティックな技が可能なけん玉を開発 | | |
| 波及効果 | | 雇用を5倍に拡大 | 日本のアニメの普及 | 海外での剣道の普及。来日講習による地域活性化 |

事例 1

# 文化の枠を越えて根づく日本庭園の美

㈱中根庭園研究所

代表取締役所長　中根《なかね》 史郎《しろう》

——企業概要——

代 表 者：中根 史郎
創　　業：1966年
資 本 金：3,500万円
従業者数：14人
事業内容：庭園の設計・施工・管理
所 在 地：京都府京都市右京区谷口唐田ノ内町1-6
電話番号：075(465)2373
U R L：https://nakane-garden.co.jp

日本の庭園文化は古くから独自の発展を遂げ、多くの人をひきつけてきた。日本庭園を有する神社仏閣、料亭や旅館などが数多く集まっている京都に、庭園の美を追い求めてきた㈱中根庭園研究所はある。これまで20カ国以上で作庭を行ってきた。どのようにして文化の枠を越え、人々を魅了していったのだろうか。

## 自然の美しさを再現する

**――日本庭園というと枯山水を思い浮かべます。**

枯山水が日本庭園の一つであることは確かです。ほかにも松や石灯籠《いしどうろう》、蹲踞手水鉢《つくばいちょうずばち》で日本庭園をイメージする人は多いです。

松は平安時代に、蹲踞手水鉢は桃山時代にはなくてはならないものとされました。仏教とともに伝来した石灯籠も、桃山時代に茶庭の明かりとなりました。このように日本庭園は仏教や神仙思想、茶の湯の文化などの影響を受けながら時代とともに形を変えてきました。

ですから、象徴的なアイテムがあればよい、逆にないとだめといったことはありません。それよりも、自然に育まれた美しい景観を再現することこそが、日本庭園の本質だととらえています。

例えば、水を使って川や海、石を使って山や島を表したりします。庭園の外に見える風景も利用します。植物は、美しさだけでなく植える場所で健やかに育つかを考慮します。さまざまな要素を組み合わせ、最善の形にするのが、造園家の一番の仕事だと考えています。

## ――思い描いた空間をつくるには、多くの知識やスキルが必要になりそうです。

当社の強みは、歴史や文化的背景を踏まえて作庭できることです。京都で50年以上にわたり事業を営んできたことから、歴史的価値が高い庭園の維持管理や修繕に携わる機会に恵まれました。つくられてからの経緯を丹念に追ったり、参考となる書物をひもといたりしてきたことが糧になっています。

また、当社は設計部と施工部を設け、双方で培ったノウハウを社内に蓄積できるようにしています。

設計部では庭園や公園緑地などのデザインや施工計画の策定を行います。実際に庭園をつくる場所はもちろん、周辺に足を延ばして現地を調査します。その地域ならではの景観の美しさをデザインに盛り込むためです。イスラエルで作庭を計画したときには、２週間かけて全土を巡りました。

施工部では造園工事やメンテナンスを行っています。木や石は、一つ一つ形や表情が異なります。単に

借景を生かしながら自然の美を再現

図案のとおりに配置するだけではうまくいかないこともよくあります。そのため、石積みや植栽の技術だけでなく、美的感覚も必要です。

これまでに、国内では、大阪府の大仙公園や島根県の足立美術館などの庭園を手がけました。海外では、米国のジミー・カーター大統領センターやボストン美術館などの日本庭園が代表作です。米国に限らず、欧州やアジアなど20カ国以上で作庭してきました。海外の案件のなかには、10ヘクタールを超える大規模なものもあります。

## 新天地を海外に求める

**――積極的に海外展開していますが、理由は何でしょうか。**

わたしが代表になった1990年代半ばごろから、海外展開に力を入れるようになりました。理由は二つあります。

一つは、国内の造園需要が減っていたからです。庭を設けない建て売り住宅が増えていました。料亭にあった庭園がいつの間にか駐車場に変わっていたということもありました。当社は大きな庭園を手がけることが多いので、小規模な案件が減る影響をすぐに受けるわけではなかったのですが、造園家の間の競争が激しくなっていくのではないかと不安を感じるようになりました。

もう一つの理由は、１９９５年に創業者である父が亡くなり、父の知名度で受注していた案件がなくなると懸念されたからです。父は、京都府庁の職員として神社仏閣などの庭園の修理や保護活動に長年取り組みました。１９６６年に府庁を辞め、当社を設立したのです。確かな知識やスキルをもっていたことから数多くの引き合いをいただきました。その出来栄えが評価されてさまざまな賞を受けた結果、さらなる受注を呼び込みました。父が手がけた庭園の数は３００を超えます。

父がいなくなっても、手がけた庭園のメンテナンスの仕事は見込めるかもしれませんが、新たな作庭に携わらなければ、売り上げは先細ってしまいます。雇用を守りながら事業を継続するには、新たに市場を開拓する必要があったのです。

**――海外では現地ならではの庭園文化がすでに根づいていたと思います。日本庭園が入り込む余地はあったのでしょうか。**

確かに、フランスのベルサイユ宮殿、英国のキューガーデンズなど、海外にも立派な庭園があります。ただ、希少性や華やかさのある草木を植えたり、豪華な噴水や彫像を設置したりと、見た目の壮大さを重視したものが多いと感じていました。もちろん、そうした庭園が驚きや感動を与えることはあるでしょう。

一方で、人の手が入っていない景観をめでる人も多くいます。美しい自然に感じ入ったり、安らぎを覚えたりするのは、日本人に限った話ではありません。自然の景観を再現する日本式のアプローチは、海外でも通用すると思ったのです。実際に、当社が手がけた日本庭園には、多くの外国人が訪れていました。癒やしを与えるタイプの庭園として、文化の壁を越えられると考えたのです。

## 歴史を考証した庭園づくり

### ――海外からの受注はどのように増やしていったのですか。

小所帯なため、わざわざ海外に出かけて営業活動を行う余力はありませんでした。そんな当社にとって役立ったのが、日本庭園に関する講演活動です。創業以来手がけてきた庭園のうち、いくつかは海外でも知られていたため、世界中から講演の依頼が来るのです。

日本庭園の普及につながりますし、事例として当社の庭園を紹介することでプロモーションにもなります。聴講者は庭園や日本文化に興味のある人がほとんどで、不特定多数の人に宣伝するよりも効果的だったように感じます。海外から作庭の依頼が来るようになりました。施主の要望に寄り添った対応もプラスに働きました。ビジネスとしては当然のことかもしれません。ただ、当社にとっては父の時代のやり方から大きく変えたことの一つです。

父は芸術家タイプで、自分が考える美を表現することに重きを置いていました。そのため施主の要望やアイデアを受け入れることは多くなかったのです。自分が良いと信じるものをつくりたいという思いは、わたしももっています。ですから、わたしの考える庭園の美と施主の希望を両立させることを目指したのです。

## ――どのような要望が印象に残っていますか。

２００５年にウクライナのキーウで作庭したときのことです。施主だった資産家からの要望は今でも忘れられません。庭園全体を眺望する築山上に露天風呂をつくってほしいと頼まれたのです。あまりに奇抜なアイデアに、最初は抵抗を覚えました。それが顔に出たのでしょう。施主は「聞かなかったことにしてくれ」と、少し寂しそうに言いました。

何とか希望をかなえつつ日本庭園として成立させられないか考えました。思い出したのが、淋汗茶湯《りんかんちゃのゆ》という室町時代の茶会です。蒸し風呂に入り汗を流し、茶を飲み、酒食して楽しむ。併せて、庭の風流も楽しんだそうです。こうした歴史を顧みれば、築山の上に風呂があっても問題ないと思いました。全体と調和するように露天風呂を設置することにしました。

ただ、珍しいことではあるため、「これは日本庭園ではない」と言われてしまうことがあるかもしれません。そのような場合であっても、日本庭園だと説明できるよう、淋汗茶湯の歴史的背景を記したメモを施主に渡しておきました。

6ヘクタールに及ぶ大庭園が出来上がり、お披露目パーティーが開かれました。世界的に有名な歌手や各国の大使などが大勢招かれたのですが、評判はとても良かったそうです。訪れた人からの口コミで新たな取引につながりました。

受注増加につながったウクライナの庭園

## 確かな品質を保つために

**――海外の仕事で気をつけていることはありますか。**

信用できる施主なのかを見極めることが重要です。大規模な庭園なら、完成までに3年ほどかかります。仕掛かり中の案件が施主の都合で中止になるリスクを取り除きたいのです。海外からの注文には、過度な負担を強いるものがあります。例えば、代金の支払いを工事が完了してからにしてほしいといったものです。そういった条件を出す施主の案件は、うまくいかないケースが多いと感じています。そこで、一部の前払いや、毎月払いの条件を提示しています。それでも任せたいと言ってくれるのならば、期待に応えるため一木一草にこだわって作庭します。

**――作庭後も手入れの必要があると思いますが、どうしていますか。**

庭をしっかり管理できる業者を現地で育てています。これには苦い経験があるからです。話は1975年のウィーン万国博覧会にさかのぼります。このとき、父とわたし、職人たちの7人で会場内に日本庭園をつくり、金賞を獲得するほど高評価を得ました。
15年後にその庭園を訪れると、木々は好き放題に伸び、石組みは倒れ、半ば廃墟《はいきょ》と化していました。現地のメンテナンスを任された業者が、どのように手をつけたらよいのかわからなかったからのようです。このことを踏まえて、海外で仕事するときには、手入れが少なくて済んだり成長が遅かったりする植物を使ってみるようにしたのですが、それでもうまくいきませんでした。

そこで、わたしはあえて日本から職人を連れていかないようにしました。現地の業者にノウハウを蓄積させるため、設計の意図を伝え、施工方法を指導することに力を注いだのです。完成までの間、業者の力量や本気度をじっくり見定めます。筋が良い、信頼に足ると感じた人には、庭園の美しさを左右する重要な部分を担当させて、より丁寧に指導します。知識やスキルを吸収して、自らの手で施工できるようになれば、メンテナンスも十分に行えるでしょう。美しく庭園を保つことができれば、それを見た現地の人たちから仕事の依頼も見込めます。当社にとって、現地の業者が育つことにはメリットがあるのです。

当社を継いだ頃と比べ、従業員の人数は変わりませんが、売り上げは2倍に増えました。信頼できる現地の業者との協業により受注への対応力が増し、海外からの仕事は全体の3割を占めるまでに成長しました。

これまでわたしは、日本庭園の美しさを世界中に広げるべく第一線に立ってきましたが、最近は少しずつマネジメントを２人の息子に任せています。息子たちは米国の大学院で造園学を修めたり、現場経験を積んだりして、古今東西の庭園について学んできました。自然の景観を再現するという日本庭園の核はもちつつも、新しい感性が宿った庭園を世界中でつくってくれると期待しているところです。

**取材メモ**

ウクライナの庭園を手がけたとき、施主に雇われた庭師のなかに、ひときわ熱心に取り組む青年がいたそうだ。仕事ぶりにほれ込んだ中根さんは、その庭師に、施主の元に残り庭園のメンテナンスを続けるよう打診した。他方、施主に対しては、給与を上げることや、造園の技術を高めるためドイツ留学の機会を与えることを交渉し、実現した。

協力してくれる現地の業者を大切に育てようとする思いが行動に表れている。

庭園はつくって終わりではない。美しさを保つために、きめ細かいメンテナンスが欠かせない。従って、庭園のオーナーやノウハウのない業者に任せるわけにはいかないのである。そうなると、現地の業者に日本庭園の技術や知識を根づかせる必要がある。小さな企業が、世界で広くビジネスを成功させるには、進出地域で深く協業関係を築くことが一つの解決策になるだろう。

（西山　聡志）

事例2

# 日本茶のおいしさを世界に届ける茶商

杉本製茶㈱

代表取締役社長　杉本《すぎもと》 将明《まさあき》

──企業概要──
代 表 者：杉本 将明
創　　業：1946年
資 本 金：1,000万円
従業者数：19人
事業内容：茶の精製加工・販売
所 在 地：静岡県島田市横岡242-1
電話番号：0547(46)2554
U R L：https://sugimotojapan.com

お茶の名産地である静岡県。そのなかでも1、2を争う茶所の島田市に、杉本製茶㈱はある。日によって変わるお茶の味を生産者と一緒に吟味し、おいしいお茶を追求してきた。25年ほど前までは国内の限られた店に販売してきたが、たまたま訪ねてきた米国人旅行者との出会いをきっかけに、海外展開に力を入れるようになった。日本茶のおいしさをどのように海外に広めていったのだろうか。

# 高温の火入れで香ばしいお茶を

**――事業内容を教えてください。**

１９４６年にわたしの祖父が創業した茶商です。茶商とは、農家から茶葉を仕入れて、抹茶、煎茶、ほうじ茶、玉露などさまざまな種類のお茶に精製加工する企業のことです。急須でいれるようなリーフタイプ、お湯を注げば飲めるティーバッグタイプ、茶道で使うような粉末タイプなどにして販売しています。

**――御社の特徴は何ですか。**

高温で火入れを行い、お茶の香ばしさをひき立たせていることです。火入れというのは、茶葉に熱を加え乾燥させる仕上げの工程です。お茶の出来を決める最も重要な作業といわれています。火入れの温度が高いと香ばしさが、温度が低いと葉の新鮮な香りが、それぞれ強くなります。

日本有数の茶所である静岡県島田市には、たくさんの茶商があります。そのほとんどは、

90〜100度で火入れを行っています。一方、当社の場合は120度です。これほど香ばしさを追求するのは珍しいことです。利き茶の全国大会で日本一になったことのある2代目の父が、「極限の火入れ」と言って始めました。くせのない、香り高く喉越しの良いお茶に仕上がっていると自負しています。国内の品評会で1等となり、農林水産大臣賞をいただいた味です。

25年ほど前までは国内の限られた商店や飲食店に販売するだけだったのですが、偶然の出会いから米国シアトルで販売機会を得て、海外展開に力を入れるようになりました。今は年商の約8割が海外分です。

## 一つの出会いが海外展開の契機に

**――シアトルで販売し始めたきっかけを教えてください。**

1998年、緑茶好きの米国人旅行者に出会ったことがきっかけです。島田市の国道473号線沿いには、当社のほかにも多くの茶商が店を構えています。その米国人の方は、一つ一つ店を巡り、お茶を飲んで回ったそうです。当社のお茶を「最高においしかった」と言ってとても気に入り、スーツケースいっぱいに詰めてシアトルの自宅に帰っていきました。

しばらくすると、その方から米国で緑茶を販売したいとファクスが入りました。お茶とはまったく関係のない仕事をしていたようで、副業として取り組むとのことでした。そこで、その方を販売代理店として輸出を始めました。とはいえ、当時はただ注文を待っていただけです。海外展開に本腰を入れたのは２０００年代半ばでした。

**――なぜ本格的に取り組むようになったのでしょうか。**

理由は二つあります。一つは、米国からの注文が急増したからです。最初の年の売り上げは数十万円ほどでしたが、５年後には数百万円とおよそ10倍に増えました。輸出先はシアトルの1社しかなく、しかも個人が副業で販売していたにもかかわらずこれだけ伸びたのです。大きなビジネスチャンスが眠っていると思いました。

もう一つの理由は、日本ではリーフタイプのお茶の消費量が減少しつつあったからです。要因は、飲料に対するニーズの多様化です。コーヒーや紅茶、ジュースなど、さまざまな飲み物が台頭してきました。お茶にしても、わざわざ急須でいれるより、ペットボトルに入ったものを飲む人が多くなりました。当時の主力商品はリーフタイプだったため、将来に不安を感じました。そうしたなか、米国での販売が伸びていたことから、海外に打って出るべきだと考えたのです。

２００４年に弟が渡米し、翌年にはシアトルに現地法人を設立しました。円高だったことや、まだ国内での売り上げがそれほど落ち込んでおらず、経営に余力があったことから、現地に滞在し営業活動を続ける費用は捻出できました。じっくり時間をかけて英語の習得や市場の調査、米国向け商品パッケージの開発などを進めました。本格的に販売を開始したのは２００８年からです。

**――どのように販路を開拓したのでしょうか。**

まずは日系のスーパーに売り込んだり、スーパーの店先や展示会のブースで試飲会を開いたりしました。飲んでくれた米国人からは、「前に飲んだ日本茶よりも、青臭さがなく香ばしくて好きだ」と言われることが多かったです。

シアトルの Sugimoto Tea Company

消費者と話をするようになってわかったのは、Ｇｒｅｅｎ Ｔｅａのなかでは日本茶より中国茶の方がよく知られていることです。工程の初期に茶葉を蒸す日本茶と違って、炒《い》ってつくる中国茶の方が香ばしくなります。コーヒー文化が根づいていることもあって、香ばしい飲み物が受け入れられやすいと感じました。

茶葉の生の香りが強いお茶を飲むと、庭の芝の匂いを連想してしまうといった意見もけっこうありました。米国の一戸建て住宅の多くに芝生の庭があります。面倒な草刈りを思い出し、あまり気分が良くないそうです。この点、日本茶にしては珍しく、香ばしさを追求していた当社のお茶は、米国人に受け入れられたのです。

徐々に取引先が増え、試飲会での反応に手応えを感じたため、カフェやレストランへの営業も地道に進めていきました。加えて、日系以外のスーパーにも売り込んでいきました。

## アピールポイントを増やす

**――新たな販路の開拓に当たっては、どのようなことに力を入れましたか。**

粉末タイプのお茶の販売です。リーフタイプの用途は、飲料用にほぼ限られてしまいます。

日本茶を手に取る人は、当然ながら日本茶だけ飲んで過ごしているわけではなく、コーヒーや紅茶も飲みます。リーフタイプだけでは競合が多く、取引先や販売量を増やしにくかったのです。

他方、日本茶を好んでくれた米国人の多くは、お茶に含まれるカテキンやビタミン類が健康に良いという点に着目していました。それなら、食べ物として販売しても需要はあると踏んだのです。粉末タイプなら、食品の原材料や料理の調味料として使ってもらうこともできます。

そこで、粉末タイプを使った料理や飲料のレシピを開発し、営業に活用しました。パンやケーキ、料理にかけるソース、カクテルなど、レシピの数は約40に上ります。たくさん用意したのは、お茶に親しんでもらいやすくするため、何にでも気軽に使ってよいということを伝えたかったからです。レシピは英語版のホームページで、動画や写真を使ってわかりやすく紹介しています。

結果として、飲食店や食品加工会社、スーパーとつながりのあるブローカーなどの興味をひきやすくなり、取引につながっていきました。

加えて、販売量もアップしました。例えば、粉末タイプのお茶を飲む人は、1杯につき1グラム程度しか消費しません。ですが、料理にも使ってくれれば、もっと必要としてもらえます。粉末タイプに力を入れて用途を広げたことにより、顧客1人当たりの消費量を増やせたのだと思っています。

現在、米国での取引先は、スーパーが3割、飲食店が3割、残りが食品加工会社です。正確にはわかりませんが、感覚的には当社の商品のうち5～7割が、飲み物ではなく食べ物として消費されていると思います。

**――味や使いやすさのほかには、どのような点が評価されていますか。**

オーガニック、安全性、持続可能性の三つが高く評価されています。

一つ目のオーガニックは、有機栽培の農家と連携することで実現しています。国ごとに残留農薬の制限が異なるため、日本の基準を満たしても、他国で通用するとは限りません。日本の生産者と来日した外国人バイヤーを会わせ、海外事業をよく理解してもらうようにしま

粉末タイプを使った多彩なレシピ

した。

二つ目の安全性をアピールするには認証が有効です。そこで、２０１４年に食品の安全管理の国際規格であるＦＳＳＣ２２０００の認証を取得しました。当時は大手の食品会社でも取っているところは少なかったです。

また、宗教に対応することも大切です。当社はコーシャ認証をもっています。ラビと呼ばれるユダヤ教の指導者を招き、茶畑や加工工場を見てもらいました。食べてはいけないと聖典に記された動物の肉や虫が混入しない態勢かなどの確認を受け、当社のお茶が教義に従った食品であることのお墨付きをもらいました。

三つ目の持続可能性は、環境負荷の低減に関することです。特に、欧州出身者がオーナーの店からは、強く求められることが多いと感じています。実際、欧州系のスーパーから、再生可能エネルギーを使用しなければ、今後は商品を陳列できないと言われたことがあります。厳しい要求に応えるため、米国法人は使用するすべての電力を再生可能エネルギーに変えました。このほか、海外向けの商品のティーバッグには、茶葉と一緒に土に返る素材を使っています。

## 日本茶の未来のために

**――海外展開による成果を教えてください。**

２０１４年以降はドイツやスイスなど欧州に取引先を広げ、20カ国以上に輸出してきました。年商は海外展開前の約７倍になりました。元は親族の６人で営業していましたが、今では19人の所帯になりました。さらに、米国法人では９人の米国人と５人の日本人が働いています。

事業規模の拡大のほかにも、成果が二つあります。一つは、商品の付加価値の向上です。例えば、米国では日本の２〜２・５倍の価格で販売できています。オーガニックや安全性などが、高く評価されるからです。

米国での価格が高いとは思っていません。むしろ適正だと考えています。近年は大雨が多発し、日本の農家は大変な苦労を強いられています。有機栽培となれば虫害とも闘わなければいけません。こうした努力に仕入れ価格で報いることができるよう、米国での販売価格を算出しました。

もう一つ、社員のモチベーションも向上しました。当社では、希望する者には米国を視察してもらうようにしています。米国に行くと、棚に並んだ自社商品を外国人の消費者が手に取るところを見ることができます。海外に行った社員は、世界で勝負しているという自信とやる気に満ちあふれて帰ってきます。

## ――今後の展望を教えてください。

海外事業を発展させられた背景には、欧米諸国で和食ブームや健康志向が広がったことが挙げられます。健康志向は年々高まるばかりですし、最近は円安が追い風となり、日本茶の海外需要はこれまでになく増えていると思います。２０１９年には県内に新工場が完成しましたし、さらに輸出を伸ばしたいと考えています。

わたしは、商品を売り込む際に心がけていることがあります。それは、日本茶のファンを増やすことです。ほかの日本茶と安さで勝負するような売り方はしません。それでは陳列棚に置かれる日本茶が入れ替わるだけですから、日本茶全体の流通は増えていきません。

試しに飲んでもらって日本茶のおいしさを伝える。日本茶を使った料理の種類を増やして用途を広げる。いずれもこれまで行ってきた地道な活動ですが、継続することで日本茶を楽しんでくれる人を着実に増やしていきたいと思います。

今回お話しした内容が、日本茶の海外展開を志す人の一助となり、一緒に日本茶を盛り上げていく仲間が増えることにつながれば幸いです。

**取材メモ**

同社の英語版のホームページには、美しく広がる茶畑やお茶を製造する人たちの動画がある。これを見てもらうと、日本茶のことをよく知らない外国人であっても、畑の管理が行き届いていることやお茶をつくるのに手間がかかっていることが伝わると杉本さんは言う。

茶畑は山の斜面や台地にあることが多い。大型の機械が入りにくく、栽培は人の労働に支えられている。しかし、生産者の高齢化は進む。国内の消費量が減少していることから、子どもに苦労させたくないと廃業してしまう生産者もいるそうだ。取材のなかで杉本さんは、業界の行く末を案じていた。だからこそ、米国での販売価格は生産者の利益を十分に考えたうえで設定し、販売先と交渉したという。同社の活躍は、生産者にとって明るい希望である。

（山崎　敦史）

事例3

# 畳でつくる和の空間

森田畳店

**森田《もりた》 隆志《たかし》**

——企業概要——
代 表 者：森田 精一
創　　業：1934年
従業者数：３人
事業内容：畳の製造販売
所 在 地：東京都荒川区西日暮里4-28-9
電話番号：03(3828)0613
U R L：https://www.tatami-mat.net

東京都荒川区西日暮里にある森田畳店は、輸出に力を入れている。2000年からの22年間で、53カ国から700件以上の受注をこなしてきた。なぜ畳が海外で売れるのだろうか。誰がどんな目的で購入しているのか。そもそも海外に需要があることになぜ気づいたのだろうか。代表の森田精一さんの息子で、海外展開を主導する隆志さんに話をうかがった。

## 海外から来た「畳の上で寝ころびたい」

### ――事業内容を教えてください。

当店は、昭和の初めにわたしの祖父が創業した畳店です。わたしのほか、代表者の父と通いの職人を合わせた3人で営業しています。

畳は、芯になる畳床《たたみどこ》を注文どおりの大きさにカットし、畳表《たたみおもて》をかぶせ、端に畳縁《たたみべり》を縫い付けて完成させます。わたしともう一人の職人で製作しており、高齢になった父は端材を使って花瓶敷きやござなどの小物をつくっています。

販売先は、国内外の工務店やホテル、飲食店などの企業と一般家庭です。2000年から始めた輸出による売り上げは、年商の6割を占めます。

### ――輸出を始めたきっかけは何でしょうか。

1999年、国際結婚してオランダに移住した日本人からの注文をきっかけに、海外に目を向けるようになりました。「畳の香りが恋しい。畳の上でごろんと寝ころびたい」とのことでした。

しかし、いざ輸出となると多くの壁にぶつかりました。従来は、素材や色、縁のデザインなどを対面で話し合って決め、敷く部屋の寸法を出向いて測っていましたが、そのためにわざわざ海外まで行けません。加えて、関税や検疫、長距離運送に耐えるための梱包、現地での敷き詰め作業など、考えなければならないことだらけでした。

当店のような小さな畳店では独力ですべての手続きをこなせません。フォワーダーと呼ばれる国際輸送のプロに仲介してもらう必要がありました。解決すべきことが山積みで、どのくらいコストがかかるかも読めなかったため、依頼主とは成約に至りませんでした。

ただ、この経験は無駄にはなりませんでした。次の機会に備え、わからなかったことを調べ続けていたところ、ちょうどオランダのケースと同様の理由で、オーストリアに住む日本人から注文を受けたのです。２０００年、フォワーダーの助けを借りながら、何とか初めての輸出を成功させました。

## ──なぜ、海外から西日暮里にある森田畳店に注文が入ったのですか。

手間がかかる輸出に応じる畳店は、かなり珍しかったのでしょう。もちろん、当店よりも先に輸出を行っている店はありましたが、ホームページを用意しているところはほとんどありませんでした。当時は畳店で検索しても、パソコン画面の半分くらいまでしか検索結果が埋まりませんでしたから。きっと、海外にいる人にとって見つけやすかったのだと思います。

２０００年のうちに英語版のホームページを、２０１２年にはフランス語版も用意しました。宣伝のためだけではなく、わたしが輸出手続きを忘れないためにも活用しています。あの国の場合イグサは大丈夫だがワラは禁止、防疫検査の費用はかかるがこの国ならイグサもワラも問題ないなど検疫の情報、輸入者が個人だとこの国には送れないといったその他の制約、関税率、貿易協定により税率を低くできるかなどを国別にまとめ、販売実績と一緒に公開しています。

## 輸出により付加価値を維持

**――苦労した輸出に力を注ぎ続けたのはどうしてですか。**

最初の輸出からしばらくは、海外からの受注が不定期だったので、割に合わない仕事だと感じることはありました。ただ、お客さんの気持ちを考えると、やめようとは思いませんでした。

ワラの畳床とイグサの畳表でつくる畳の値段は、6畳で約1万5000円です。これを米国に送る場合、輸送費が保険料込みで約12万円以上、防疫検査の代行費用が約2万円、さらに関税もかかります。大きな費用を負担してまで注文してくれるのは、畳のある空間で過ごしたいという強い希望があるからです。その思いに応えたいと考えました。

また、国内の需要が減っていたことも大きな理由です。一戸建てか集合住宅かを問わず、畳部屋のない物件が増えています。敷く場所が国内に増える見込みはありませんでした。

輸出に本腰を入れたのは2007年からです。その頃、主要な取引先だった国内のリフォーム会社から受注を得にくくなっていました。関西にある大手の畳店が東京に進出してきたことで、価格競争が起きたのです。

当店は昔ながらの手作業で製造しており、機械を導入し大量生産している相手にはかないません。ただ、品質には自信があります。輸送費用を負担してまで購入してくれる人がいる海外は、価格ではなく品質で勝負できる市場だと思いました。

小さな店ですので、注文1件当たりの量にもよりますが、月に6件ほど受注できれば経営は維持できます。海外から月に数件の受注があれば、国内取引の減少分は補えます。海外展開は、当店にとって実現可能かつ有効な手段だと考えたのです。

## ――受注を増やすためにどのような取り組みをしたのですか。

ホームページで見積もりと注文ができるようにしました。どんなデザインになるか、29種類の畳表と84種類の畳縁のマッチングをホームページ上でシミュレーションできるようにし、希望者には無料で畳表と畳縁のサンプルをお送りしています。高価な買い物になりますから、納得するまで理想の畳を追求してもらえるようにしました。無料サンプルはコストのかかる取り組みですが、畳そのものを見てもらうことができない分、安心して購入してもらうには必要な出費と考えています。

部屋のサイズは注文時に教えてもらい、当店からレイアウトと敷き方を図面で提案します。図面の畳部分と、実際に送る畳には番号が振ってあり、番号順に敷いてもらえば畳部屋が完

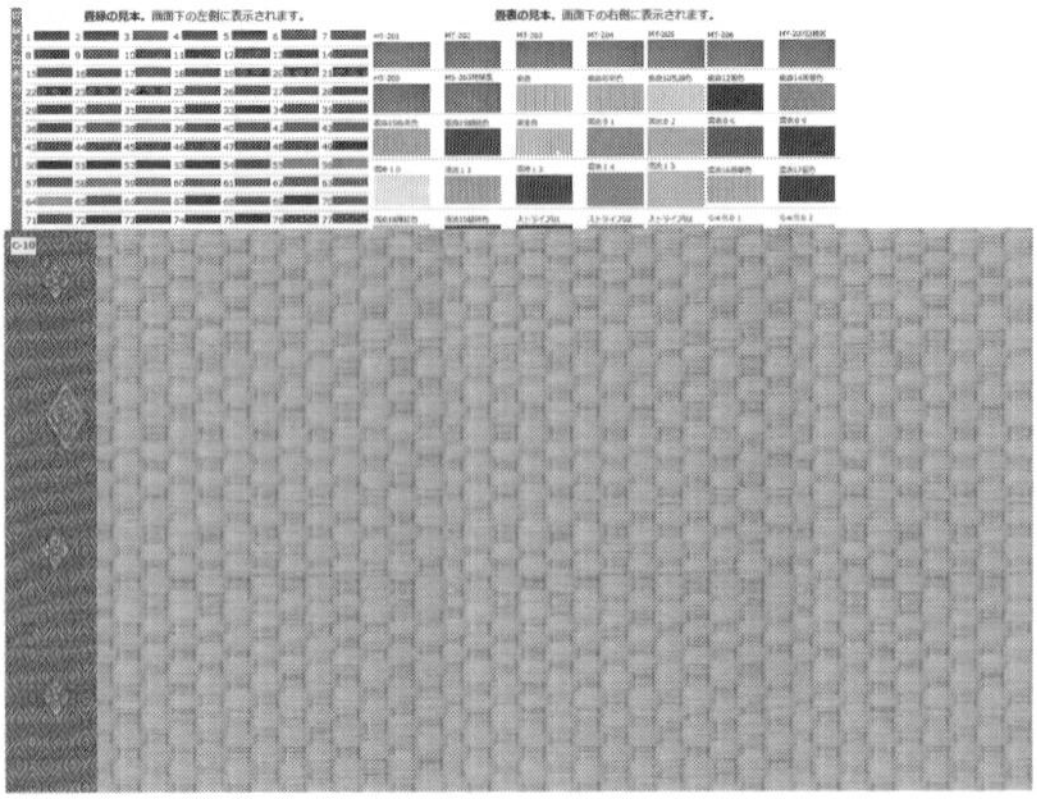

ホームページでデザインをシミュレーション

成します。

インターネットで注文できる態勢が整い、ホームページの情報も充実していくに従って、だんだんと受注が増えていきました。ホームページを見れば、当店が輸出に積極的な畳店であると伝わるからだと思います。

## ――トラブルが起きたときはどう対処しましたか。

その都度サービスをブラッシュアップして対応しました。例えば、現地の税関職員が畳を不審物と考え当店に連絡してくることが立て続けにありました。海外の税関職員で畳を知っている人がほとんどいないためです。今は、送り状に「ＴＡＭＩ」と書くだけでなく輸出入の際に商品を分類するためのＨＳコードまでしっかり記載しています。小さなことですが効果はありました。

また、お客さんからは「色が違う」という問い合わせをいただくことがありました。２枚の畳を縦横に並べると、一方の畳表の目の向きは、もう一方の目の向きと90度違います。色自体はまったく同じなのに、光の加減で片方は明るく、片方は暗くなるということがあります。海外の人はそれを体験したことがないため、色違いと考えてしまったのです。取扱説明書にイラストをつけて解説したところ、同様の問い合わせはほとんどなくなりました。

ホームページや畳の取扱説明書などにさまざまな情報を英語やフランス語で掲載するに当たっては、フォワーダーの担当者に力添えいただきました。とても親切で、ＨＳコードの記載を指南してくれたのもこの方です。担当者が代わり、別のさまざまなフォワーダーとも組んでみたのですが、会社によって地域や輸送する商品によって得意不得意があることを知りました。５社ほど渡り歩いた末、今お世話になっているフォワーダーにたどり着きました。対応言語がとても多く、さまざまな国に輸出する当店にぴったりな相手と巡り合うことができたと思っています。

**――これまでの輸出実績を教えてください。**

２０２２年までの22年間で、53カ国から７００件以上の受注がありました。最も多い米国からが１４０件で、英国が90件、シンガポールが60件と続きます。平均すると月に３、４件の受注があります。実は、顧客のほとんどが外国人です。特徴を挙げると、資産家で、日本が大好きです。一般の日本人より畳のことをよく勉強していて、本物志向をもっています。

当店は、ワラだけではなく、ウレタンを使用した畳床、イグサだけでなく紙やビニールの畳表も用意していますが、昔ながらの天然素材でつくる畳を求める方が圧倒的に多いです。特に、日本に来て畳を味わったことがある人ほど、イグサの香りやワラの踏み心地を味わいたいという気持ちが強いようです。「熊本産のイグサの畳表を使ってくれ」と素材の産地まで気にされる方が多くいます。

ただ、天然素材をお薦めしないこともあります。例えばシンガポールのように湿度の高い国では、イグサの畳表だとすぐにかびてしまう可能性が高いのです。紙ならその心配は少なくなります。香りはしないものの耐久性は約３倍であることを丁寧に説明します。また、土足で歩く場所に敷きたいのであれば、ウレタンの入った畳床とビニールの畳表の組み合わせをお薦めします。これならハイヒールにも耐えられます。

## 畳とともに楽しむ日本文化

**――海外の顧客は畳のあるところでどのように過ごすのでしょうか。**

お客さんの目的は、畳部屋で和服を着てくつろいだり、茶道や華道を楽しんだりすることです。

海外の建築のなかに和室をつくり出すための工夫があります。日本の畳部屋は、桟《さん》よりも床板が低くなっているため、畳を敷くと、畳のけば立った断面は隠すことができます。一方、海外では平らな床に直接畳を置くことになります。断面が露出したままだと見栄えも良くないですし、端くずも出やすくなってしまいます。異国の建築になじんだ畳を提供し、お客さんに満足してもらえるよう、当店は畳表や畳縁で断面を覆い隠す加工を施しています。

**――日本文化に親しめる空間を提供しているのですね。**

スイスのあるお客さんは、日本が好きすぎて、家の庭に10年かけて自力で日本家屋を建築したそうです。これは極端な例ですが、畳を注文するお客さんは、和の空間をつくるため、畳以外にも日本ならではのアイテムを求めています。

よくあるのがふすまや障子、屏風《びょうぶ》です。問い合わせが多いため、建具の製造会社と連携し、

海外のお客さんがつくった和室

輸出のノウハウがある当店が注文を受け付けて、畳と一緒に送るようにしています。ひのき風呂を頼まれたこともあります。同じように専門店と連携して輸出しました。

海外展開を始めてから、同業者に助けてもらうことも増えました。例えば、畳をファッションショーのランウェイに敷き詰めたい、ハリウッド映画のセットに使いたいなど、一度に100畳、200畳の注文がくることも少なくありません。当店だけでは対処できないため、複数の畳店と分担して作業します。映画が封切りになったときは、納品した畳が重要な場面で使われているのを見て、みんな大喜びでした。外注した畳店は「大変だったけれど、また海外から面白い注文があったらぜひ手伝わせてくれ」と言ってくれました。

今後も畳をはじめ日本ならではの製品をつくる企業と協力し、日本文化を世界に広げていきたいと思っています。

**取材メモ**

森田さんは、国内の経営環境を考慮し、海外展開にメリットがあると判断したうえで輸出に力を入れた。「輸出のおかげで売り上げを維持できている。もし海外展開していなかったら10年前に店をたたんでいた」と言う。

たった3人で営む下町の畳店でも、輸出のノウハウは獲得できる。ただし、苦労はあって、国別に情報を整理したりトラブルにその都度対処したりと根気が要る。自分の店に合ったフォワーダーを見つけられたことも大きい。

森田畳店の海外展開は、ほかの畳店がつくる畳や、畳以外の日本文化を代表する製品の輸出につながった。店の将来を森田さんに聞いたところ、「もし職人の継ぎ手がいなくなり畳づくりをやめたとしても、輸出事業は続け、ノウハウも誰かに継承したい。ほかの畳店の輸出を支援し、引き続き畳を世界に届けたい」と語ってくれた。海外の畳部屋はまだまだ増えていきそうだ。

（山崎　敦史）

事例 4

# 欧米文化に溶け込む美濃和紙

家田紙工㈱

代表取締役 家田《いえだ》 学《まなぶ》

──企業概要──
代 表 者：家田 学
創　　業：1889年
資 本 金：1,000万円
従業者数：13人
事業内容：和紙の加工販売
所 在 地：岐阜県岐阜市今町3-6
電話番号：058(262)0520
U R L：https://www.iedashikou.com

岐阜県にある家田紙工㈱は、地元の美濃和紙でつくった製品を海外の20カ国以上に展開してきた。社長の家田学さんによれば、海外の人に和紙製品を手に取ってもらうためには、進出先の文化と適合させる必要があったという。海外展開に挑戦した経緯や、海外向けに製品を開発する際の工夫についてうかがった。

# 雪の結晶を和紙で表現

## ――事業内容を教えてください。

和紙の加工販売を行っています。主に扱っているのは美濃和紙を使った製品です。美濃和紙は、岐阜県南部の美濃地方でつくられる伝統的な手すきの和紙です。薄くて丈夫なのが特徴で、光をきれいに通すため、提灯《ちょうちん》やインテリア照明によく使われます。

当社は、明治の中頃に和紙の卸問屋として創業し、昭和に入ってからは盆提灯の絵付けを主な仕事としてきました。地域によって若干風習は異なるようですが、お盆に軒先や仏壇に飾られるのが盆提灯です。全国の百貨店や仏具店、人形店に販売してきました。

美濃和紙を使った新製品の開発に力を入れるようになったのは、2000年ごろです。提灯の生産が人件費の安い海外にシフトし始めたことがきっかけです。いずれ海外で絵付けまで行われるようになるのではないかと不安でした。和紙の国内需要は先細り、美濃和紙の職人も年々減っていくなか、地元の大切な文化が失われてしまうという危機感もあったのです。当社、さらには業界のためにも、より多くの人に手に取ってもらえる和紙製品を生み出したいと考えました。

開発した製品の一例が、水うちわです。骨組みの竹の色まではっきり見えるほど透けていて、水につけてからあおぐと気化熱により涼をとることができます。明治末期に岐阜市で生まれたものですが、高度経済成長期を迎えると製造が途絶えてしまいました。薄くても破れにくい美濃和紙の特徴をアピールするのにもってこいだと思い、古い文献を参考に和紙や骨組みの職人たちと協力してよみがえらせました。このほか、和紙製のイヤリングやネックレスなど、アクセサリーづくりも新たに始めました。

市場開拓のため、製品の一部を海外にも展開しています。海外向けに開発し、ヒットした製品もあります。

**――海外ではどのような和紙製品が人気ですか。**

特に人気なのはSNOWFLAKE《スノーフレーク》です。雪の結晶を模した形の紙で、窓ガラスに貼り付け、装飾に使います。直径が5センチから21センチまで四つのサイズがあります。水で濡らしてガラスに貼り、指でひっかくようにすればきれいに剥がすことができます。大事に使えば10年くらいの間は何度も貼り直しができます。

この製品は、東欧の文化を意識してつくりました。東欧では年末年始に、雪の結晶をかたどった紙で自宅や店舗の窓を飾る習慣があります。モスクワを視察したときに街でよく見かけましたが、たいていセロハンテープで貼られていました。SNOWFLAKEなら水だけでくっつきますので、簡単に貼ったり剥がしたりできると喜ばれています。

価格は、一番小さいサイズが1枚で約200円です。ちなみに、絵付けや切り取りなどの加工をしていない大きな美濃和紙1枚は約1万円します。これと同じ量の原材料で、最小のSNOWFLAKEを80枚、約1万6000円分つくれます。形と用途を工夫したことで、付加価値が増しました。

**――どういった経緯で開発したのでしょうか。**

もともとクリスマスツリーを飾るオーナメントをつくりたかったのですが、何度か試作したところ、丸めた紙くずのような見た目になってしまいました。せっかく美濃和紙を使うのだから、光をきれいに通すという特徴を生かせる、紙1枚の薄さのものにと考え直しました。

そんななか、語学留学中のロシア人女性がたまたま当社の工房を訪ねてきました。美濃和紙を「雪みたい」と言い、極寒の地域では窓に雪の結晶の形をした霜が降り、太陽の光できらきらと輝くこと、そして、先ほどの東欧の習慣などを教えてくれました。

それを聞いたわたしは、幼い頃、洋服のポケットに入れたまま間違って洗濯してしまった100円紙幣を、親が窓ガラスに貼ってきれいに伸ばしていたのを思い出しました。美濃和紙も濡らせば貼れます。こうして、SNOWFLAKEのアイデアが生まれました。

繊細な形をしていますので、切り絵の要領でつくっているのかとよく聞かれますが、はさみやカッターは使っていません。雪の結晶の型を、紙の原料液をすくう簀桁《すけた》という道具にセットしておくのです。そうすると、すいて出来上がったときには型どおりに雪の結晶が完成します。

型づくりにはスクリーン印刷の版を製作する機械を援用しました。印刷版の厚さは0・1ミリメートル以下ですが、SNOWFLAKEの型をつくるときは0・5ミリメートルに設定します。開発は和紙職人と二人三脚で進めました。100回以上は試作を繰り返

海外で人気のSNOWFLAKE

したと思います。

また、こうぞや麻など原材料の配合もいろいろ試しました。もともと提灯用の紙は当社独自の仕様のものを職人に発注していましたから、さまざまな質感、厚み、強度の紙をつくるためのレシピをもっています。それを参考にしながら、雪の結晶をうまく表現できるよう配合を細かく調整しました。このように、以前からもっている設備やノウハウを生かしたのです。

## バイヤーの口コミで広がる

**――海外展開はいつから始めたのでしょうか。**

2005年、ドイツで開かれた展示会にインテリア照明を持ち込んだのが始まりです。このときはあまり注目してもらえませんでした。しかも、実際に輸出するには、EUならCEマーク、米国ならUL規格という安全基準の認証を取得する必要があることを、後で知りました。流通させられない製品を必死に売り込んでいたのです。認証を取得するには多額の費用がかかることがわかり、回収できる見込みも立たなかったので、インテリア照明の輸出は諦めました。

このように、機械を内蔵し、それなりに大きさのある製品は、輸出に当たって現地の規制をクリアしなければならないことが多いです。一方、純粋な紙であればそういった手間はかかりません。運送費用も考慮し、紙だけを使った小さくて軽いものを開発することにしました。その後、試行錯誤を経て２００８年に完成したのがＳＮＯＷＦＬＡＫＥだったというわけです。

**――輸出が軌道に乗るまでのことを教えてください。**

きっかけは、一人のドイツ人バイヤーと出会ったことです。ＪＥＴＲＯを利用し、フランスの有名な展示会、メゾン・エ・オブジェに、開発したばかりのＳＮＯＷＦＬＡＫＥを持ち込むため準備していたときでした。

当時、分厚い立派なカタログを用意する出展者がほとんどだったのですが、渡されたバイヤーがしっかり見てくれることはあまりない印象でした。宣伝を成功させるには、読み込んでもらえなければ伝わらないような文字ばかりの資料ではだめだと思いました。

そこで､紙をつくる工程や出来上がった製品などの映像を動画サイトにアップしたうえで、展示会のホームページに載せる当社のパンフレットに、動画のＵＲＬを書いておきました。

これならバイヤーにとって負担になりません。

こうして出展の準備を整えた頃、先のドイツ人バイヤーから、動画を見たといって連絡がありました。SNOWFLAKEの実物を見たいと言われたのでサンプルを送ったところ、すぐに注文を出してくれました。よほど当社の製品が気に入ったのか、パリで開かれた展示会の当日はブースに立って一緒に売り込みまでしてくれました。

欧州では、一人のバイヤーが百貨店やセレクトショップなど数十社の小売店を担当しています。気に入った商品があれば、メーカーと購入量や金額などの条件をある程度すり合わせてから、小売店に売り込むことが多いそうです。

また、バイヤー同士の情報交換が盛んなため、デンマーク、スイス、イタリア、フランスなどのバイヤーにも口コミで評判が広がっていきました。SNOWFLAKEはニューヨーク近代美術館やシカゴ美術館のショップにも置いてもらえるようになり、一気に知名度が高まりました。

多いときで当社の売り上げの3割を海外向けが占めることもありました。これまでに輸出したことのある国は20カ国以上です。わたしは外国語が得意ではありませんが、海外とのやりとりに支障はありません。欧米とは時差があるため、電話はほぼしません。メールでの交渉になりますので、翻訳サイトを使って内容をよく理解したうえで、返信文を吟味する時間が確保できるのです。

## 現地の文化を知る

**――御社の製品のどういったところが評価されていますか。**

特に欧州のバイヤーと話すと、手仕事の価値が認められていると強く感じます。欧州ではイタリアやフィンランドなど、手すきの紙を使う文化が残っている国が多くあります。名刺や画用紙に使われていて、高級感を出すために分厚くつくるケースが多いようです。同じく手すきの美濃和紙が受け入れられる下地があったわけです。

そのほか、オーガニックやエコといった点で受けが良いです。100パーセント天然素材でつくられ、繰り返し使えるSNOWFLAKEが人気な理由です。また、日本製であることも海外で好まれます。当社としても日本の伝統として和紙をアピールしていきたいので、パッケージに「カミノシゴト」と、ブランド名をあえて片仮名で表示しています。

あくまで個人的な意見ですが、欧州と比較したとき、中東や中央アジアでは金製品や宝石が珍重される傾向があると思います。物質的な価値が大事にされやすく、ハンドメードであることや長い歴史をもつことなどは、あまり響かない印象です。そこは、文化が違うのだから仕方ないと割り切りました。

同じような経験はほかにもあります。例えば、ＳＮＯＷＦＬＡＫＥを中国に持ち込んだときは、縁起が良くないと嫌がられてしまいました。中国では銭形に切り取った白い紙を葬式で燃やすことがあり、そのイメージと結びついたようです。

進出したい国の文化を知っておくことは大切です。当社の場合、ＪＥＴＲＯの支援でさまざまな国を視察できました。どこの国の展示会に参加するかを考える際に役立ち、とてもありがたかったです。

現地の縁起物を図柄に取り入れる

**――今後の展望を教えてください。**

ＳＮＯＷＦＬＡＫＥに続く、海外展開の新たな柱の開発も進めています。現在、最も手応えを感じているのが、グリーティングカードです。クリスマスや誕生日、結婚式などに合わせて、家族や友人にメッセージを送るカードです。日本でいうと年賀状のように、欧州や米国で盛んな習慣です。

工夫しているのは、その土地で受ける図柄にすることです。例えば、地中海周辺ではタツノオトシゴ、もっと範囲を絞って、フランス南部のニースならセミの形の和紙をカードに貼り付けています。いずれもそれぞれの地域で縁起が良いとされているもので、現地の人に喜ばれています。

今後も、さまざまな地域の文化を取り入れながら、海外市場における和紙の可能性を追求していきたいと思います。

**取材メモ**

「SNOWFLAKEの模造品を買ったことがあるのですが、濡らしてもうまくガラスに貼り付けられないし、きれいに剥がせませんでした。出来があまりにも違いましたから、出回ってすぐに姿を消しました」。そう語る家田さんからは、美濃和紙の品質への自信や伝統に対する熱いリスペクトを感じた。

ただ、海外展開は冷静に進めた。実は家田さんによると、自信作の水うちわを米国で販売しようとしたが、100ドルもする理由がわからないと言われたそうだ。なじみのないものの価値は簡単にはわかってもらえない。数々の失敗経験を生かし、視察を通じて現地の文化を学び、受け入れてもらいやすい製品を開発している。

和紙や盆提灯の国内需要が減少し、事業が衰退の危機にあるなか、家田さんは海外展開に活路を見いだした。その挑戦は美濃和紙の職人、ひいては伝統を守ることにつながっている。


（笠原　千尋）

# 花の都パリにEKIBEN文化の種をまく

㈱花善

代表取締役社長　八木橋《やぎはし》 秀一《しゅういち》

――企業概要――
代 表 者：八木橋 秀一
創　　業：1899年
資 本 金：3,762万円
従業者数：46人（うち、パート・アルバイト31人）
事業内容：弁当製造販売、食堂営業
所 在 地：秋田県大館市御成町1-10-2
電話番号：0186(43)0870
U R L：http://hanazen.co.jp

秋田県北部の玄関口である大館駅の前に、創業120年を超える老舗駅弁店の㈱花善はある。名物は「鶏めし弁当」だ。醤油《しょうゆ》ベースで甘辛く炊き込んだご飯と鶏肉には深い味わいがある。長年、出張や観光など鉄道旅のお供として日本人に楽しまれてきた駅弁であるが、同社が次なるマーケットに選んだのは、線路が続く国内ではなく海外だった。

## 待ちの姿勢からの脱却

### ――昔に比べて駅弁業者は少なくなっていると聞きました。

日本鉄道構内営業中央会に加盟している駅弁業者の数は、１９６０年代半ばには約４００でしたが、今は85ほどにまで減っています。要因はさまざまです。停車時間が短くなったり、安全のため窓が開かない車両が増えたりし、ホームでの立ち売りが難しくなりました。また、列車の高速化により目的地に早く着けるため、移動中に食事をすることが少なくなったのです。

当社の大館駅での売り上げも大きく減りました。１９７０年代には1日１５００個ほど売れたのですが、最近では3個しか売れない日もあります。

駅売りに代わって売り上げの柱になったのがバスツアー向けの配達サービスです。１９９７年に入社したわたしは、駅でお客さんを待つだけではいけないと考えました。目をつけたのがバスツアーの旅行者です。大館市の周りには、白神山地や十和田湖など自然豊かな観光地があります。一方、そうした場所には、団体客に地元の料理を提供できる大きな飲食店は少ないです。ランチの場所の確保に苦慮していた旅行会社のニーズをつかみ、販路を開拓できました。

## ――主力商品の「鶏めし弁当」を学校給食として提供していますね。

2013年から毎年、大館市内のすべての小中学校に、郷土の魅力を知ってもらうための「大館ふるさとキャリア教育」の一環で鶏めし弁当を提供し、4500人の生徒に食べてもらっています。きっかけは、小学校で鶏めしに関する授業を担当したことです。鶏めし弁当を食べたことがあるか尋ねたところ、生徒30人のうち数人しか手を挙げませんでした。

100年以上営業してきました。本社工場に併設した食堂では一般の人が食べられますし、地元スーパーでも販売しており、相応の自負があったのですが、思いもよらない結果でした。もっと地元の味を知ってもらおうと、給食での提供を決めたのです。

非日常のなかで楽しまれることが多い駅弁ですが、一連の取り組みの甲斐《かい》があり、鶏めし弁当は日常食として親しまれるようになりました。売り上げは伸びていき、従業員数はわたしの入社時の3倍になったのです。学校で鶏めし弁当を食べた子どもが大きくなって、当社に入ってくれるようにもなりました。

また、2012年に社長に就任したわたしは、経営に余裕があるうちに次の一手を打とうと考えました。そこで、国内での販路開拓と並行して2016年ごろから海外展開の準備を始めました。

## 世界に挑戦する姿を子どもたちにみせる

### ――なぜ海外に目を向けたのですか。

主な理由は二つあります。一つは、国内市場の縮小です。学校に提供する弁当の数は、約10年で2割も減りました。大館の人口減少を肌で感じていたのです。東京や仙台など国内の大都市に出ればよいのではないかと思うかもしれません。実際、東京駅の構内の売店に鶏めし弁当を置かせてもらいました。ただ、競合が激しく、国内では大都市でさえもマーケットとしての魅力を感じられなかったのです。

もう一つの理由は、地元の子どもたちに夢を与えたかったからです。学校で弁当を提供するとき、小中学生に将来何をしたいか聞くと、決まって東京に行きたいと言われます。ただ、大館にだって魅力はあるし、大切なのはどこに行くかではなく何をするかだと思います。地元の味や駅弁の文化を武器に世界に打って出る姿をみせることで、子どもたちに大きな志をもつことの大切さを教えたいと思ったのです。

**――具体的にどのようなことから始めましたか。**

まず、展開する国の検討です。三つの観点から探しました。一つ目は、長距離の旅客鉄道網が整備されており、車内で食事を取る機会があることです。

二つ目は、物価が日本よりも高いことです。輸送コストを上乗せしても、現地のランチ代と同じかそれ以下の価格で販売するためです。

三つ目は、日本文化が受け入れられやすいことです。海外では、料理を容器に入れて持ち運べるようにした「弁当」は浸透しつつありますが、車内の食事に特化した「駅弁」はあまり知られていません。それでも、日本という国や日本製であることに対して良いイメージをもつ国でなら、勝算があると考えました。これらのポイントを踏まえ、15カ国ほどを巡りました。

転機はフランスの「ジャポニスム２０１８」というイベントに出店したことです。日仏友好１６０周年を記念した日本文化の祭典で、そのなかの駅弁文化を伝える「駅弁ジャポン」

という企画に出店者として参加しました。会場は長距離高速鉄道「ＴＧＶ」が発着する、国鉄のパリ＝リヨン駅でした。

イベントに参加したおかげで、さまざまな気づきがありました。例えば、日本から持ち込めない食材があることです。鶏肉や卵など動物性原材料は、欧州連合が日本からの輸入に厳しい制限をかけているため、現地で調達する必要がありました。

また、フランスの水はミネラルを多く含む硬水です。硬水で米を炊くとミネラルが米の表面に付着し、ぱさぱさした食感になってしまいました。そのため浄水器で水の硬度を下げてから使うようにしました。

販売価格は米や包装資材の輸送費などを反映しても、日本円で１４００円ほどとフランスのランチ代としては安くできました。イベント当日は、たくさんの来場客が手に取り、おいしいと言ってくれました。面白かったのは、多くのフランス人にとって和食といえば寿司であり、米は醤油につけて食べるものだという認識があったことです。醤油味の鶏めしは、受け入れてもらいやすかったようです。

出店を通じ、確かな手応えを感じたことに加え、フランスは当初掲げた三つの条件を満たしていると確認できました。そこで、イベント期間中の２０１８年11月にパリに現地法人を設立しました。

## ――その後は順調に進みましたか。

店舗を構えるに当たり、大きな問題が二つありました。一つは人材です。当社にはフランスに赴任できる社員がいませんでした。一般に、海外で商品を展開するに当たっては、製造や販売を現地の企業に委託するという手もあります。しかし、商品の魅力を正しく伝えていくためには、自前のスタッフが欠かせないと考えました。

そのとき支えてくれたのは、大学で経営学を学んでいた大館市出身の一人の学生でした。休学して当社で実践的に経営を学びたいと、直接わたしに連絡してくれたのをきっかけに知り合いました。中学校で鶏めし弁当を食べて以来、当社に興味をもってくれていたそうです。海外展開にも協力したいと言ってくれました。

大館の店舗で接客や調理を身につけてもらった後、渡仏してもらいました。現地法人の従業員の採用、接客や調理の指導などを若い力で頑張ってくれました。おかげで、現地に住む日本人2人と日本文化に興味をもつフランス人1人を雇うことができました。両国の文化を理解できる人材を集めることができ、とても感謝しています。

もう一つの問題は、日本にはない商習慣です。出店場所として、テイクアウトのハンバーガー店の居抜き物件をみつけたときのことです。主要な駅であるパリ北駅や有名なオペラ座に近く、日本人が多く住むエリアからも徒歩圏内の好立地でした。

しかし、不動産業者に入居を申し込みに行くと、賃料を家主に対して支払うのとは別に、前の借り主に対して営業権の買い取り代金を支払うように言われたのです。しかも、前に営業していた店の年商に匹敵する金額が相場なのだそうです。商用店舗を借りる場合に、フランスにそうした習慣があるとは知りませんでした。

入居の問題を解決するに当たっては、ＪＥＴＲＯの「新輸出大国コンソーシアム」事業から派遣してもらった専門家に協力してもらいました。フランスで長く事業を営んでいた方で、現地の制度や商習慣を教えてくれました。こうして法人設立から1年ほど経った２０１９年

日本（左）とフランス（右）で異なるかけ紙

7月、ようやく路面店「1899TORiMéshi」のオープンにこぎ着けました。

**――商品は日本で売られているものと同じなのでしょうか。**

基本的にメニューや味は日本で食べられているものを再現していますが、現地に合わせて変えたところもあります。

例えば、弁当になじみがないお客さまのために、弁当そのものや使われている食材などの詳しい説明書きを添えています。駅弁の解説もしていますが、食べる場所を駅や列車内に限定してしまわないよう、あくまで商品の歴史として説明しています。

また、弁当の顔となるかけ紙の色は、日本で使用している赤とオレンジから、日の丸カラーである紅白に変えました。「ToriMéshi」という表示を追加しましたが、大きな「鶏めし」のロゴはあえて残しました。平仮名が入っていると、日本の商品であることがすぐにわかるからです。

2020年に入ると新型コロナウイルスの感染が広がり、パリは外出禁止措置が講じられるなど大変な状況でした。ただ、デリバリー需要が高まったため、配達サービス経由の売り上げが急増しました。

## フランスの鉄道旅を駅弁が彩る

**――駅構内にも出店したそうですね。**

2021年11月からの半年間、リヨン駅の売店で販売しました。長らく駅弁屋として頑張ってきたので、やはり駅でも売りたいと思っていたのです。

半年間としたのには訳があります。常設店舗の場合、入札のうえ9年に及ぶ国鉄との長期契約が求められます。その間はビジネスがうまくいかなくても賃料を払い続けなければいけません。また、入札の際には実績も必要です。将来、常設したときの試金石として、期間限定で出店することにしたのです。

開店当日は300個も売れて、その後も盛況が続きました。ただ、2022年に入ると売り上げが6割ほど落ちました。新型コロナウイルスの変異株が流行した時期と重なり、列車内での飲食が禁止されたためです。ただ、裏を返せば、駅弁が車内で食べられていたということです。車窓から景色を眺めながら弁当を頬張る。鉄道旅をより豊かにするような駅弁の文化を浸透させていくことは、可能だと実感しています。

## ──今後の展望を教えてください。

今は二つの課題に取り組んでいます。一つは、低温のご飯をいかにおいしくするかです。現地の規制で弁当の保存温度が4度以下と決まっています。日本ではここまで低温で保存する必要はありません。冷やし過ぎると、味や食感は落ちてしまいます。冷たいままでもおいしく食べられるよう、調理方法をいろいろと試しているところです。

もう一つは、駅と路面店の営業を両立できる態勢をつくることです。リヨン駅での出店期間中は人手が足りず、路面店を閉めていました。現地で採用を進めるだけでなく、将来的には日本法人の社員のなかからパリで働きたいという人が出てきてくれればと考えています。

大館に胸を張って凱旋《がいせん》できるように、一歩ずつ進めていこうと思っています。

リヨン駅に期間限定で出店

**取材メモ**

同社にとって、伝統の味や駅弁の文化を守ることは大切だ。ただ、守るといっても新しいことに挑戦しないわけではない。八木橋さんによるさまざまな取り組みの結果、鶏めし弁当は日常と非日常の境を越えて愛されるようになり、今や国境まで越えた。異国の地で店を立ち上げるには多くの困難が伴ったが、駅弁文化は現地の人たちに受け入れられつつある。

ジャポニスム２０１８への参加やリヨン駅構内への出店の際には、大館市内の小中学生、秋田県内の高校生や大学生に、かけ紙やポスター、チラシなどを制作してもらったそうだ。学生にとっては、地元の企業が海外に挑む姿に触れられる貴重な経験を得られたはずである。いつの日か同社がまいた駅弁文化の種が花を咲かせ、地元の子どもたちにとっての誇りとなるに違いない。

（西山　聡志）

事例 6

# 日本のうま味を世界のUMAMIに

㈱丸善納谷商店

取締役専務　納谷《なや》 太郎《たろう》

──企業概要──
代表者：納谷 英雄
創　業：1909年
資本金：1,000万円
従業者数：30人
事業内容：昆布製品の製造・卸売り
所在地：北海道函館市新川町28-1
電話番号：0138(22)2926
URL：http://kombu-nayashoten.com/jp

北海道函館市の㈱丸善納谷商店は、明治時代から地元の昆布製品を全国に販売している。さまざまな料理に使われる昆布は、古くから日本の食文化を支えてきた。そして今、同社は日本ならではの昆布のうま味を海外にも伝えている。ただ、海藻を料理に使う習慣のない海外に昆布を広めるのは、決して簡単ではなかった。社長の納谷英雄さんの息子で、海外展開を主導する専務の太郎さんの取り組みを追った。

## 国内市場に募る危機感

### ――どのような昆布製品をつくっているのですか。

北海道で生産される昆布を加工しています。主に使用するのは函館市周辺で収穫される肉厚で幅が広い真昆布や、表面がでこぼこしてかごの目のようになっているがごめ昆布です。

主力製品は、料理に混ぜたり添えたりするとろろ昆布です。昆布をプレス機で四角く圧縮して、大型のかんなのような機械で削ってつくります。だしをとったり、煮てそのまま食べたりする乾燥昆布も製造しています。漁師が収穫して乾燥した昆布を当社が規格に合うようにカットして、袋詰めします。

ほかには、とろろ昆布よりも薄いおぼろ昆布があります。職人が1枚1枚手作業で0・01ミリメートルの薄さに削り上げるため、製造量は少なく、とても高価ですが、口当たりが滑らかだと好評です。

主な販売先は全国のスーパーマーケットで、国内の売り上げの約9割を占めます。店頭での販売もしています。

**――昆布業界で長く活躍されていますね。**

おかげさまで、業歴は100年を超えました。全国の皆さんに函館の昆布を味わってもらい、伝統ある日本食を家庭で楽しんでもらえるよう精進してきました。

昆布巻きやつくだ煮などさまざまな食べ方がありますが、最もよく親しまれているのがだしではないでしょうか。みそ汁など日常の汁物に加え、夏はそうめんのつゆ、冬は鍋にと、年間を通して昆布だしを使う料理はたくさんあります。

しかし、近年は食生活の変化とともに昆布の消費量は減少していて、業界全体の先行きに不安を感じています。液体や顆粒《かりゅう》でだしをつくれるようになり、麺つゆや鍋のスープはすでに昆布だしを入れた完成品が売られています。

時間をかけて昆布でだしをとる家庭は減っているのではないでしょうか。特に若い世代では、料理に時間をかけられない共働き世帯が増えているので、その傾向が顕著です。

これに伴って、生産量も減少しています。北海道の水産統計によれば、1990年ごろには約3万トンほどあった昆布の生産量は、2006年に2万トンを切り、2020年には約1万3000トンまで減りました。

仕入先のなかには将来が期待できず、後継者を確保できていない漁師がたくさんいます。

昔は、一家総出で収穫した昆布を洗ったり、乾燥させたりする光景が当たり前でしたが、今では高齢化と人手不足で生産量は下がる一方です。力仕事ですから、担い手の高齢化が生産に与える影響が大きいのです。

## 昆布のだしを英国に

**――厳しい状況ですね。どのような打開策を考えましたか。**

海外に販売することを考えました。消費の減退があるうえ、競合商品がひしめく国内市場を掘り下げるよりも、昆布を料理に使う習慣のない海外市場を新たに開拓した方が得られる成果は大きいと踏んだのです。

優しい味わいで、ほかの素材を引き立たせる日本のだし文化は、海外に誇れるものです。昆布だしのうま味が世界に伝われば、業界全体も盛り上がるはずです。

そう考えていた２０１５年、ＪＥＴＲＯが英国に昆布を輸出できる業者を探していて、当社に声をかけてくれました。これが海外進出を決断するきっかけとなりました。２０１３年に和食がユネスコの無形文化遺産に登録されたことから、日本の食文化が世界から注目されていたのです。高まっている需要を逃さないよう、日本食に関するさまざまな業者を集めた展示会をＪＥＴＲＯが英国で開催し、当社もそこに出店しました。

## ――反応はどうでしたか。

展示会では、あまり手応えがありませんでした。寿司やとんかつ、てんぷらなど完成した料理はよく知られていますが、単なる素材にすぎない昆布の知名度はほとんどありませんでした。また、だしは料理を引き立たせるものですから、だしそのものの良さをアピールするのは難しかったのです。

そこで、現地の市場と食文化を知るため、スーパーマーケットやレストランを何軒も回りました。その際、昆布は一般的なスーパーマーケットに広く流通していないものの、一部の店では取り扱われていることがわかりました。

英国の展示会での出展ブース

注目したのは、動物性の食品を食べない、いわゆるビーガンの人向けの専門店で扱われていたことです。西洋のだしは、肉や魚からつくられるブイヨンが一般的です。動物性のブイヨンが使えないビーガン向けの料理では、昆布だしが受け入れられると考えました。英国ではビーガンの人が増えていたので、十分な市場規模を見込めました。

ただ、なじみのない昆布をうまく使える家庭は少ないでしょうから、単に専門店で販売させてもらってもうまくいかないことは容易に想像できました。そこで、まずは現地のレストランをターゲットにしました。日頃から食材を生かしたメニューを開発しているシェフであれば、うまく現地の食文化に合うかたちで、昆布を使ってくれると考えたのです。

**――レストランにはどのようにアピールしましたか。**

現地で活躍する外国人シェフに向けて、基本的なだしのとり方や昆布のもつうま味を伝える「ＵＭＡＭＩセミナー」を開催しました。ＪＥＴＲＯや英国在住の日本食研究家の協力を得て、トップシェフを約20人集めることができました。

プロが相手となると、水の温度は60度で沸騰させないようにといった、うま味を引き出すためにこだわっただしのとり方を説明しがちですが、なるべく簡単に伝えることを心がけました。現地のレストランでは調理工程を分業することが多く、トップシェフのほとんどは、全体の管理や最後の仕上げを担当します。だしをとるといった下ごしらえは、修業中の若手が任されます。そのため、難しい処理が必要と判断されると敬遠されてしまうと思ったのです。昆布をぐつぐつと煮るとえぐみが出てしまう日本の軟水と異なり、欧州の硬水は沸騰したお湯に入れるだけでうま味を十分に引き出せます。深い味わいを手軽に出せると、シェフたちは満足してくれました。トップシェフたちが昆布に興味をもったことで、ほかのレストランや輸入代理店も関心を示してくれました。

## 厳しい規制を乗り越えて

**――オーストラリアにも輸出をしていると聞きました。どのような経緯があったのですか。**

英国に向けた販売が増えたことに手応えを感じたので、フランスやドイツなどほかの国にも展開していこうと考えました。そこで課題になったのは、成分についての規制です。

昆布などの褐海藻には、ヨウ素が多く含まれています。体に必要な成分とされているため、海藻を食べる文化のない欧米では、食塩に添加して摂取することが多いです。そのうえで海藻を食べた場合、過剰に摂取してしまうおそれがあることから、海藻のヨウ素の量について規制を設けている国が多いのです。

基準となる量は国ごとに異なりますが、調べた結果、最も厳しかったのがオーストラリアでした。現在の基準が定められた2010年以降、昆布を輸出する日本企業はありませんでした。オーストラリアでの販売を認められれば、後々ほかの国にも進出しやすくなると考えたのです。

**――どのように規制に対応したのですか。**

北海道立工業技術センターの協力を得て、ヨウ素の量を抑えた乾燥昆布「NAYA KOMBU」を開発しました。

実は、単にヨウ素を抜くだけなら意外と簡単です。20分ほど煮るだけでほとんどのヨウ素が抜けます。ただ、それではうま味も出てしまいます。うま味を残しつつ、ヨウ素を減らす

英国のトップシェフに昆布のうま味を伝える

ことが難しいのです。加えて、量産するためには、コストがかからず、簡単な方法でないといけません。

製造工程を細かく分け、条件を少しずつ変えていきながら、その都度ヨウ素の量を測定しました。試行錯誤を繰り返して、ようやくオーストラリアの規制をクリアすることができました。

現在、ＮＡＹＡ　ＫＯＭＢＵの製造方法は国際特許を出願中です。２０２０年、当社が輸出をしたことで、規制ができてから初めて日本の昆布をオーストラリアに届けることができました。

## オーガニック需要に応える

**――海外展開の成果はどうですか。**

英国やオーストラリアのレストランを中心に販売を伸ばしています。輸出を始めた当初、３００キログラム程度だった販売量は、コロナ前のピーク時では約12トンまで増えました。昆布を食べる文化が広がっているのを実感します。

知名度が高まったことから、ビーガンを中心に個人向けの販売を拡大しようと力を入れています。ただ、ビーガンは自身の健康や環境への配慮から、化学物質を使わず有機栽培した、いわゆるオーガニック素材を求めるため、英国の販売先から有機認証の取得を依頼されました。

日本では日本農林規格等に関する法律に定められている有機ＪＡＳ認証を得る必要がありました。ただ、当時は農産物や加工食品などの規格はあっても、昆布が該当する藻類についてはなかったのです。そこでわたしは、藻類の規格を制定してもらうよう農林水産省の担当者に掛け合いました。農林水産省も国内事業者の海外需要獲得には前向きで、有識者を集めて検討を始めてくれました。

制定後すぐに認証を得られるよう、化学薬品を使わない養殖昆布の試験栽培を函館の戸井漁協の海藻部と連携して進めました。養殖昆布は種苗を網につけて育てます。種苗を生産するには、発育を促進する成分が入った培養液を用いるのが一般的ですが、それでは有機ＪＡＳ認証を得るのは難しいです。北海道立総合研究機構函館水産試験場の協力を得て、光の当て方を調整するなどして、培養液を使わない手法を開発しました。

２０２１年１月、有機藻類が有機ＪＡＳ認証の規格の一つに制定されました。その後、２０２２年７月に当社は有機事業者の認証を得ることができました。

## ――有機ＪＡＳ認証の適用は、昆布業界全体に良い影響がありそうですね。

当社のような加工業者にとって、認証の取得が海外展開に重要な役割を果たすのは言うまでもありません。また、昆布の生産者にとってもメリットが大きいです。

有機昆布を生産することで、収穫の平準化が可能となりました。天然の昆布の収穫時期は、7月から8月に限られますが、養殖昆布の収穫時期は自由に選べます。高齢化と人手不足による影響で短期間に収穫できる量は減っていましたが、年間を通して収穫時期が長くなることで、無理なく収穫量を増やすことができます。それによって、収入の安定にもつながります。

食の安全や健康、環境への配慮を強く意識する消費者は、ビーガンに限らず海外には多くいます。有機ＪＡＳ認証が制定されたことは、世界に昆布のうま味を広めていくうえで、大きな追い風となるはずです。

**取材メモ**

納谷太郎さんは㈱丸善納谷商店に入社する前に、別の会社に勤務していた。当時の生活を振り返ると、忙しさから昆布でだしをとって料理をすることはほとんどなかったという。昆布にゆかりのない人ならなおさらだろう。国内の昆布離れを身をもって実感した太郎さんが、新たなマーケットとして目を向けたのが海外だった。

まっさらな市場は伸びしろがある分、直面する課題も大きい。太郎さんは冷静に状況をみて、外部とうまく連携しながら課題を乗り越えてきた。今、太郎さんが関心を寄せているのは、欧米の脱炭素へ向けた動きだ。昆布は発育する過程で、大量の二酸化炭素を吸収することから、環境ビジネスに結びつけられないか検討している。広い視野で昆布産業の未来を見据える太郎さんは、業界を先導しつつ、着実に歩みを進めている。

（篠崎　和也）

事例 7

# 伝統ある日本の前掛けを世界 60 カ国に

## ㈲エニシング

代表取締役 **西村《にしむら》 和弘《かずひろ》**

──企業概要──
代 表 者：西村 和弘
創　　業：2000年
資 本 金：300万円
従業者数：10人
事業内容：前掛けの企画・製造・販売
所 在 地：東京都港区元赤坂1-7-10 グランドメゾン元赤坂902
電話番号：03(5843)0247
U R L：http://www.anything.ne.jp/index.html

㈲エニシングは、2004年から前掛けを販売している。招き猫や葛飾北斎の浮世絵、アニメのキャラクターなど、日本ならではの絵柄をプリントした商品を販売するほか、オーダーメードにも対応する。2007年から海外展開を始め、これまでに60カ国に輸出し、日本文化を発信してきた。前掛けとの出合いや海外市場の開拓にかける思いについて、社長の西村和弘さんにうかがった。

## 危機に瀕《ひん》していた前掛け文化

**――取り扱っている商品について教えてください。**

飲食店や酒店の方が、屋号の書かれた厚手の布を腰から下げて働く姿を見たことはありませんか。長方形の帆布に腰ひもをつけたもので、前掛けといいます。当社はこの前掛けをつくっています。

招き猫のような縁起物や特撮ヒーロー、アニメのキャラクターなどの絵柄をプリントしたものを販売するほか、絵柄や布の厚み、色、サイズを自由に選べるオーダーメードにも対応しています。生地が厚いほど高級で、価格は４０００円から1万円以上するものまでさまざまです。

**――前掛けは古くからあるものなのでしょうか。**

諸説ありますが、原型は室町時代に生まれたといわれています。最初は古着をリサイクルした布を腰に巻いただけのものだったようです。江戸時代には、現在と同じく縦長の布に腰ひもをつけた形になり、汚れやけがを防げる、しっかり締めると重労働から腰を守れるといった実用性が評価され、商売人の間で広まりました。明治時代には商店の屋号が染め抜かれるようになり、広告ツールとしても重宝されました。

戦後の経済成長期には、需要が一気に増加しました。日本酒メーカーが取引先の飲食店や問屋にノベルティとして大量に配ることもあったそうです。しかし、１９８０年ごろになると仕事着が多様化し、海外の安い繊維製品に押されたこともあって急速に生産が減りました。

## ――なぜ前掛けを手がけることにしたのですか。

２０００年に創業した当初は、漢字を絵柄にしたＴシャツの企画・販売を行っていました。２００２年のサッカーワールドカップ日韓大会のときなどは、来日した外国人に人気でした。

その後、商品の幅を広げようとするなかで偶然見つけたのが前掛けです。Ｔシャツと同じ要領で、無地のものに自由に絵柄をプリントできると思い、２００４年にインターネットでオーダーメード販売を始めました。月に10枚ほどしか売れませんでしたが、購入した方からはお礼の電話や手紙、身につけた写真が多く寄せられ、手応えを感じていました。

あるとき一度に数百枚も注文が入り、問屋サイドで無地物の在庫が足りなくなりました。新たな仕入れルートを探したところ、豊橋に前掛け職人がいることを突き止めました。

現地の織物工場を訪ねてみると、およそ100年前につくられた織機が現役で稼働しており、驚きました。現代の機械に比べスピードが遅い代わりに、太い糸を使った厚くてやわらかい生地を織ることができると聞きました。

もっと衝撃的だったのは、そこが豊橋で唯一残る前掛け生地の工場だということでした。最盛期の豊橋では、前掛けの生地づくりや染色などを担う工場が100軒以上あったそうですが、わたしが訪れた頃にはわずか数軒にまで減っていました。最後の一人だという生地職人の方からは、「前掛けは、じきになくなる。Tシャツの販売に力を入れた方がよい」と言われました。

数は少なくても前掛けを欲しがる人がいることを知っていたわたしは、前掛けが消えていくのを見過ごせませんでした。また、Tシャツと違い競合はほとんどありません。本腰を入れて取り組めばビジネスとして成り立つはずだと考え、前掛け専門店へと舵《かじ》を切ったのです。

当時の前掛けは、大量生産されていた時代の名残で1枚2000円前後でしたが、当社は6000円ほどで販売し始めました。インターネットで少量のオーダーメードに対応するという独自のサービスを打ち出し、強気の価格を設定しました。

最初は苦戦しましたが、２００７年に当社の商品が全国放送の情報番組で紹介されると、放送日だけで２００万円分の注文が入りました。その収入を元手に、半年も経たないうちにニューヨークに飛び、販路開拓を始めました。

**――すぐに海外に目を向けたのはなぜですか。**

もともと海外市場に挑戦したかったからです。わたしは広島県の出身で、幼い頃から厳島神社や原爆ドームといった、日本の文化や歴史を知ることができるスポットに、たくさんの外国人観光客が訪れるのを見てきました。学生時代には米国に留学し、外国人が日本文化にとても興味をもっていることを実感しました。

こうした経験から、日本ならではの魅力を発信したいと考えたのが起業の動機でした。ですので、海外展開はずっと抱き続けていた目標だったのです。

海外の展示会で前掛けを紹介

## 欧州への進出で躍進

**――どのように海外展開を進めたのでしょうか。**

まずは日本食を出す飲食店や日本製品を扱う商社などに飛び込みで営業したり、ホテルや飲食店向けの商品が集まる展示会に出たりしました。最初の進出先にニューヨークを選んだのは、世界のトレンドを牽引《けんいん》する大きな市場だったからです。

代理店の開拓に努めたのですが、米国市場における手応えはいま一つでした。日本の商品のなかで、前掛けは漆器や陶器などに比べるとマイナーです。代理店のバイヤーにとっては、すでに人気がある商品に力を入れる方が効率的です。前掛けの優先順位はとても低いのだと感じました。進出前に思い描いていたようなヒットにはならなかったのです。

**――海外での販売が軌道に乗るターニングポイントは何でしたか。**

ロンドンで開催された、デザインに優れた日用品を集めた展示会に出たことです。出展を勧めてくれたのは、ロンドンで飲食店のデザインを手がけていた方です。担当するラーメン店が当社の前掛けを採用していたつながりで知り合い、欧州なら高く評価されるだろうと教えてくれました。

２０１５年に初めて出展したところ、セレクトショップを中心に約20店舗との取引が実現しました。現地で感じたのは、商品の背景にあるものへの関心の高さです。１００年前の織機でつくっていることをアピールすると、強い興味を示してくれました。欧州には伝統に根差した商品やそれをつくる職人技を高く評価する風土があり、歴史ある日本の前掛けは受け入れられやすかったのです。

展示会での反応から、前掛けの魅力を理解してくれる人に直接売り込む方がよいと気づきました。そこで、代理店の開拓から小売店との直接取引に軸足を移しました。

展示会を活用した営業活動を続けた結果、取引は世界各地に広がりました。ロンドンに出て3年後の２０１８年ごろには海外事業も軌道に乗り、今では約1億２０００万円の年商のうち、3割が海外向けです。小売店や飲食店、ホテルなどのほか、個人とも取引があります。常時輸出している先は米国やフランス、英国など15カ国ほどで、一度以上輸出したことのある国は60カ国に上ります。

**――海外展開の過程で受けた支援はありますか。**

２０２０年からは、メゾン・エ・オブジェという、パリで開催される世界的に有名な展示会に出展しています。この展示会は出展に当たって審査があり、初回はＪＥＴＲＯに手続きをサポートしてもらいました。ＪＥＴＲＯからはそのほかに、取引条件についてのアドバイスをもらいました。国ごとに異なる関税に対応するのは大変なので、輸出先での通関以降の費用を買い主に負担してもらうのがよいと教えてもらいました。

海外の展示会での商品の見せ方は、先に海外展開に成功していた経営者から教わりました。欧州ではシンプルに見せる方が喜ばれます。ブースの装飾を抑え、こちらからアピールポイントを一から十まで説明することはしません。訪れた人に現物に触れてもらいながら、対話を通して商品の良さを伝えるようにしています。

## 海外展開が伝統をつなぐ後押しに

**――海外で前掛けはどのように使われているのでしょうか。**

小売店やホテルなどではユニホームとして使われています。日本のように屋号を大きくプリントするのではなく、ワンポイントの刺繍《ししゅう》を入れるのが人気です。個人の方はキッチンで日常的に身につけてくれています。腰を支える機能が、エプロンにはないものだと好評です。ちなみに日本では、飲食店や酒店以外ですと記念日のギフトやスポーツチームのグッズとして注文されるケースが多く、非日常を演出する要素が強いように感じます。

このように、国内と海外では使われ方や喜ばれるポイントが違います。何が喜ばれるかは現場に行かなければわかりません。実際に足を運び、顧客が何を求めているかを探るのが大事だと思います。

今のところ、大きなトラブルに遭うこともなく、海外での売り上げを伸ばすことができています。ただ、海外のショップが誤ったつけ方をした写真を掲載することがあります。前掛けが腰を支える機能を発揮するにはつけ方が大事なので、直接連絡して修正してもらいます。また、つけ方を写真で示したカードを商品に同封したり、解説動画を用意したりと、前掛けのことを正しく理解してもらうための工夫をしています。

展示会やホームページなどで前掛けの文化や歴史を発信することも大切にしています。商品に対する理解が深まれば、愛着も増すというものです。リピーターが増え、売り上げにもプラスに働くのです。

**――海外展開してよかったことは何ですか。**

２０１９年に豊橋に自社工場を建てたときのことです。ずっとお世話になっていた職人の方には以前から引退されるタイミングを聞いていたので、引き続き前掛けを製造できるよう、設備を引き継ぐ約束を事前に取り交わし、当社の従業員を弟子入りさせて技能を学びました。

工場の稼働に当たって求人を出すと、全国から30人ほどの若者が応募してくれました。なかには留学経験があり語学に堪能な人もいて、採用後は貴重な戦力になっています。海外展開で成果を出していたからこそ、語学力を生かしたい、日本文化を発信したいといった意欲のある、当社にぴったりな人材を呼び込めたのだと思っています。

また、海外のデザイナーからの依頼をきっかけに、新しいサービスを開始しました。当社の織機やそれを使いこなす技術を見込んで、トートバッグ用に毛糸を混ぜた生地を織ってほ

豊橋工場で若い職人が腕を磨く

しいと頼んできたのです。それがうまくいって以降、和紙や絹などの素材を試しました。こうした経験から生まれたのが、顧客が選んだ素材を使ってオーダーメードの生地を織るサービス、「縁布《えにふ》」です。今後、事業の新たな柱として伸ばしていくつもりです。

工場を建てるときに自治体の方に聞いたところでは、繊維工場の建築申請は半世紀ぶりだったそうです。最近では、一度は撤退した豊橋のメーカーが前掛けの製造を再開したという話も聞きます。産地が盛り上がる一助になれているのであれば、うれしいことです。

２０２３年にはパリに事務所を設立する予定です。欧州での商談や展示会への出展に対応しやすくなるでしょう。これからも前掛けを世界に発信していきたいと思います。

**取材メモ**

同社のホームページには前掛けの歴史や特徴が詳しくまとめられており、専門店としての自負が感じられる。それを読むと、前掛けが仕事着として重宝されてきたことがよくわかる。西村さんは、日用品だった前掛けを工芸品として販売し、ギフト向けや海外向けなど、新たな市場を開拓した。その結果、日本の商売人を支えてきた前掛けは、海外で再び仕事着として人気を博している。日本文化を発信したいという、西村さんの学生時代からの思いは現実になった。

その効果は同社のなかにとどまらない。意欲ある若者が前掛けづくりに携わるようになったり、製造を再開する企業が現れたりと、危機に瀕していた前掛け産業は息を吹き返しつつある。西村さんの挑戦の先には、前掛けが寿司などの食文化や漆器などの伝統工芸と並ぶ、日本を代表する文化となった世界が待っているかもしれない。

（星田　佳祐）

事例 8

# 世界中を躍らせる阿波踊り集団

## 一般社団法人アプチーズ・エンタープライズ

代表理事 **米澤《よねざわ》 萌《めぐみ》**

――企業概要――
代 表 者：米澤 萌
創　　業：2012年
従業者数：５人
事業内容：阿波踊りの公演やイベントの企画・運営
所 在 地：東京都武蔵野市吉祥寺本町1-32-2
　　　　　吉祥寺サンビルディング512
電話番号：0422(29)0333
Ｕ Ｒ Ｌ：https://appcheez.com

東京都武蔵野市にある一般社団法人アプチーズ・エンタープライズは、日本の伝統芸能である阿波踊りの魅力を世界に発信している。2012年に法人を立ち上げてから、21カ国の65都市で公演を行ってきた。代表の米澤萌さんによると、文化の異なる海外の人に受け入れてもらうには、展開先によって踊り方やテンポを変えるなどさまざまな工夫が必要だったという。阿波踊りを事業化し、世界に打って出た経緯をうかがった。

## プロの阿波踊り集団

### ――阿波踊りを事業として行っているのですね。

国内外の祭りやイベントに出演したり、企業や学校、福祉施設からの依頼で公演や踊りの指導を行ったりしています。業界では珍しく、劇場やライブハウスを借りて自主公演も行っています。すべて合わせた年間のステージ数は３００を超えます。

公演は「寶船《たからぶね》」という連が行います。連とは阿波踊りのチームを指し、所属するメンバーを連員といいます。寶船は、１９９５年に徳島県出身のわたしの父が地域の人たちを集めて立ち上げました。現在およそ25人の連員が所属しています。このうち当社の社員はわたしと2人の弟を含む5人です。この5人はプロのダンサーのようなもので、阿波踊りをなりわいとしています。営業や総務、裏方の仕事もこなします。

ほかの連員は、普段は別の仕事をしている会社員や学生です。10～30歳代の若い人が中心で、多くは幼少期からの経験者です。

## ――寶船にはどのような特徴があるのでしょうか。

主に二つあります。一つは、全員が踊りと演奏の両方をこなせることです。多くの連では、踊る人と、鉦《かね》や太鼓といった鳴り物を演奏する人が分かれていますが、寶船に担当分けはありません。途中で楽器を受け渡すなど、変幻自在のパフォーマンスが可能です。

もう一つは、5人前後の少人数で公演を行っていることです。阿波踊りといえば、大人数が隊列を組み、整然と踊る姿を思い浮かべる人が多いのではないでしょうか。規模が大きいと、祭りのように道路を使わせてもらったり、広い会場を借りたりしなければなりません。一方、少人数であれば小さなホールや企業の会議室などでも披露できるので、費用を抑えつつ、祭り以外に活躍の場を広げることができます。

また、依頼者は連の規模に関係なく、1回の公演に対して報酬を支払うことが一般的です。少数のチームなら1人当たりの報酬を増やせるメリットもあります。

少人数で行うパフォーマンス

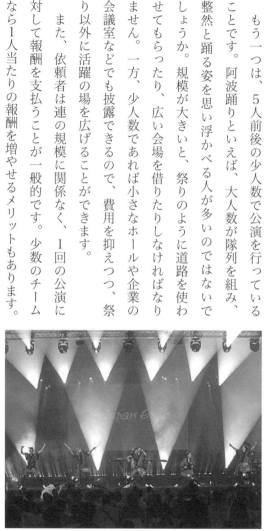

## ――少人数だと見劣りしませんか。

少人数でも見応えのある公演を行うために工夫しています。例えば、観客をステージに上げて一緒に踊ったり、マイクパフォーマンスや芝居を演目に盛り込んだりしています。はやりの曲に阿波踊りの振り付けを合わせて披露することもあります。

一般に、一つの連が阿波踊りを披露するのは30分程度ですが、寶船の単独公演には2時間にわたるものもあります。観客を飽きさせないための工夫と、連員の技量の高さがあるからこそ長時間の公演が可能となっており、評判も上々です。

真っ赤な法被《はっぴ》と派手なメークで全身を使って激しく踊るのは、寶船独自のスタイルです。ゆったりと練り歩くような、多くの人がよく知る阿波踊りとは異なるため、寶船の踊りは阿波踊りではないと言われることもあります。

それでも、わたしは阿波踊りの神髄は楽しませることにあり、かたちにとらわれる必要はないと考えています。例えば大正時代には、西洋文化の影響を受けてバイオリンやトランペットなどが鳴り物として使われていました。阿波踊りは、時代に合わせて柔軟に変化し、400年以上の歴史を紡いできたのです。

依頼を受けたときには、打ち合わせを重ねて相手の要望を把握し、予算や場所、客層を考慮して演目や構成を提案します。寶船のスタイルが要望にそぐわない場合は、別の連を紹介することもあります。

## 後世に阿波踊りを残したい

**――なぜ阿波踊りをビジネスにしようと思ったのですか。**

日本の伝統芸能である阿波踊りが格好良いものだと、多くの若者に知ってほしかったからです。高齢化が進んでいる連が多くあります。古くさい、ださいと思われることもあり、わたしや弟は子どもの頃、阿波踊りをやっていることが恥ずかしくて友達に言えませんでした。しかし、新たに若い担い手が現れなければ、文化として持続できません。

事業化することで、エンターテインメントとして世の中に通用すると証明できれば、やりたい人が増えるはずだ。そう考えていたアマチュア時代に、旅行代理店からの誘いで、ハワイで開かれるホノルルフェスティバルに出演する機会を得ました。日本の芸能や武道などに携わる団体が集まり、文化交流を図るイベントです。

公演の前日に、東日本大震災が起きました。帰国が危ぶまれ、とても不安になりましたし、現地の人たちも日本からのニュースにショックを受けていました。そうしたなか、自分たちにできることは阿波踊りしかないと思い、公演が終わったあとも路上に出てパフォーマンスを続けました。集まってくれた多くの人から「力強い踊りに勇気づけられた」と声援をもらいました。なかにはおひねりをくれる人もいました。この体験から、言葉も文化も違う、阿波踊りを知らない人に受け入れてもらえたことに手応えを感じ、事業化を決意しました。そして、２０１２年に当社を設立したのです。

しかし、当初はまったくといってよいほど仕事がありませんでした。そのため、社員５人で一日中営業にいそしみました。わたしは日本語学校や海外向けのイベント企画会社、海外展開している日本企業を中心に、手当たり次第に電話をしました。

反応があれば、企画書をつくって持ち込み、映像を見せてアピールしました。英語の契約書や請求書などを準備し、海外との取引に対応できるようにもしました。

**――海外を相手にするメリットは何ですか。**

二つあります。一つは、阿波踊りに対する固定観念がないことです。国内では多くの人が、阿波踊りは祭りの会場で大人数が踊るものだと思っています。そのため「少人数でどこでも踊ります」と営業してもうまくイメージが伝わらず、当初は苦労しました。固定観念のない海外なら、独立したエンターテインメントとして受け入れてもらえると考えました。

もう一つは、法被を着て踊ったり太鼓をたたいたりする阿波踊りは、外国人にこれぞ日本文化だと思ってもらいやすいことです。海外に展開する企業や日本語学校では、外国人をもてなすイベントが数多く開かれています。また、海外で開催されるアニメやゲームのイベントには、日本専門のブースやステージが用意されていることが多く、日本のアーティストが公演することもしばしばです。そうした日本文化を堪能してもらうためのイベントに、阿波踊りはぴったりだと考えたのです。

地道な営業活動が実を結び、本格的に海外で活動し始めたのは２０１４年です。1月のインドでのイベントを皮切りに、４月には米国で初の単独公演を、７月にはフランスで開かれたジャパンエキスポに出演するなど、４カ国で公演を行いました。

２０１７年ごろになると、動画共有サイトやＳＮＳに投稿した過去の公演の映像が評判になり、営業していない先からも依頼が来るようになりました。依頼主はイベントの企画会社だけでなく、日本大使館や学校などさまざまです。国をまたぐツアー公演も行うようになり、これまで21カ国の65都市に行きました。今では売り上げのおよそ3分の1が海外の公演によるものです。

阿波踊りをレッスンしてほしいと呼ばれることもあります。イタリアのミラノでは、教えた人たちから、現地でも連をつくりたいと言ってもらいました。

**――創業間もない企業が海外に行くには、お金がかかって大変ではなかったでしょうか。**

最初のうちは、渡航や宿泊にかかる費用は当社が負担する場合がほとんどでした。それでも活動を知ってもらうための先行投資と割り切って、積極的に依頼を受けました。少人数での活動は、費用を抑える意味でも有効でした。

資金が不足したときには、クラウドファンディングを活用しました。ジャパンエキスポに出演する費用を募ったときには、目標を超える111万円の支援が集まりました。

## 効率的に世界を回る

**――展開先の国はどのように決めているのですか。**

ポイントが二つあります。一つは、経済力です。エンターテインメントは生活必需品ではありませんから、生活に余裕のある人が多い国に進出しないと、サービスとして成立しにくいと考えています。

もう一つは、旅程の効率化です。複数の場所を回れる旅程が組めるかということです。例えば欧州のツアーのように、一度の渡航で複数の国や都市で公演できれば、売り上げを増やすだけでなく、渡航費用も節約できます。

公演した国では現地の日本大使館やイベント会社に飛び込みで営業してきました。依頼に直結しなくても、近隣国の担当者を紹介してもらえることがあります。各地に人脈を広げたことで、効率的なツアーを組みやすくなりました。

**――国によってパフォーマンスの中身に違いはあるのでしょうか。**

展開先によって踊り方やテンポ、構成を変えています。同じ演目でも、相手に合わせて踊り分けられるの

現地の人々と一緒に踊る

が寶船の強みです。土地柄や文化、流行などを事前に調べて反映させることもあれば、会場の雰囲気に合わせてその場で変更することもあります。

わたしの印象ですが、例えばスペインでは一緒に踊りたがる人が多いので、体験型の演目を多く盛り込みます。同じ欧州の国でも、ドイツでは静かに集中して見る人が多いので、鑑賞の時間を長めにとります。

## ファンは国内にも

**――海外での活動は、国内でも反響が大きかったようですね。**

海外での活動が目に留まり、国内でも注目されるようになりました。具体的には、日本企業が海外支社の社員を呼んでもてなすときの懇親会や、学校の芸術鑑賞会への出演依頼が増えました。特に後者では、阿波踊りを体験してもらうなど、若い世代に興味をもってもらえるよう工夫しています。アンケートをとったところ、9割を超える学生から「満足」と回答いただきました。将来、阿波踊りの担い手となる可能性のある学生との交流には、これからも力を入れていきたいと思っています。

**――今後の展望を教えてください。**

２０３０年までに、展開先を30カ国まで増やすことが目標です。日本よりも海外の方がコロナ禍から早く立ち直っており、引き続き海外に商機があると考えています。

ただし、活躍の場を広げてより多くの人に阿波踊りの魅力を伝えていくためには、現在５人しかいないプロの連員を増やす必要があります。募集は随時行っていますが、並行してすでに所属している連員の育成にも力を注ぎます。直接指導したり、海外公演に帯同させたりして技量を高めることで、従来のクオリティを維持しつつ、こなせる公演の数を増やしていきたいです。

これからも日本の魅力を発信するため、わたしたちは踊り続けます。

**取材メモ**

米澤さんは、阿波踊り集団の中心メンバーと、簿記1級の資格をもつ経営者という二つの顔をもつ。少人数であることを生かして効率的に海外展開し、事業を軌道に乗せた経緯には、随所に独自の工夫がみられた。

ホームページや動画共有サイトで、寶船の公演を見ることができる。それは確かにわたしたちの抱く阿波踊りのイメージとは異なるが、世界各地で人々を熱狂させる様子に、日本の伝統芸能のもつ可能性を再認識した。

独自のスタイルを貫く寶船の活動には、賛否が分かれることもあるそうだ。しかし、伝統を軽んじているわけではない。国境や世代を超えて楽しめる阿波踊りを、後世に残すために試行錯誤してきた結果が今のスタイルである。業界の異端児とも評される寶船だからこそ、阿波踊りを世界に発信するかじ取り役が務まるともいえる。これからも踊りの輪は広がり続けるだろう。

（青野　一輝）

事例9

# 食品サンプルで世界を驚かす

㈱デザインポケット

代表取締役　倉橋《くらはし》 幸子《さちこ》

――企業概要――
代 表 者：倉橋 幸子
創　　業：2007年
資 本 金：100万円
従業者数：８人
事業内容：食品サンプルの製造販売
所 在 地：大阪府大阪市中央区難波千日前10-11
電話番号：06(6586)6251
Ｕ Ｒ Ｌ：https://www.designpocket.net

　飲食店の店頭で見かける食品サンプル。実は日本発祥の文化である。大阪の歴史ある商店街、千日前道具屋筋にある㈱デザインポケットは、食品サンプルを世界中に展開している。海外の人は食品サンプルのどこにひかれるのか。また、使われ方は日本と同じなのだろうか。同社が海外に進出した経緯や食品サンプル業界への思いを、社長の倉橋幸子さんにうかがった。

## 食品サンプルに魅せられて

**――事業内容を教えてください。**

食品サンプルの製造販売を行っています。売り上げの8割はレストランや弁当店の店頭に陳列される業務用で、残りがキーホルダーやマグネットなど小型の個人向けアクセサリーです。製造拠点は、本社の6階にある自社工場です。このほか、地元大阪を中心に、全国に約10の協力工場があります。

2007年に創業した当初は、飲食店向けに看板や内装のデザイン、メニュー開発などのコンサルティング事業を行っていました。食品サンプルにかかわるようになったきっかけは、つくってくれるところがないと取引先から相談され、工場探しや注文の取り次ぎを引き受けたことです。実際に、新規の取引は断っているという工場がほとんどでした。電話帳を片手にいくつも当たってみて、何とか大阪市内に注文を受けてくれるところを見つけました。

その後、協力してくれる工場は徐々に増えていきましたが、断られることの方が多かった理由は、つくるのに手間がかかるためでしょう。

例えば、現在の当社は注文から完成までおよそ1カ月の期間をいただいています。まず、料理の実物を用意してもらい、シリコーンで型をとります。次に、型に塩化ビニールを流し込んで基礎の部分をつくり、細部の造形を整えたり、着色やつや出しを行ったりします。依頼主によるチェック、フィードバックに基づく試作を繰り返し、完成させます。

業務用の食品サンプルは特定の店の料理を再現したものですから、一点物です。多店舗展開している店からの注文でなければ、型や色を使い回すことはできません。当社の取引先は一人で営業しているようなごく小さな飲食店が多かったため、割に合わない仕事と判断する工場が多かったのでしょう。

**――製造の道に進んだのはなぜでしょうか。**

取り次ぎを続けるなかで、わたしは食品サンプルの魅力にとりつかれていきました。ネタがつやつやと光る寿司、フォークに絡まるスパゲティ、垂れたソースが鉄板ではねるステーキ。これらを忠実に再現する食品サンプルは、もはや芸術です。

オリジナルの商品をつくってみたいと考えるようになり、２０１０年に企画販売を始めました。てんぷらやチョコレートなどの食品サンプルを小さくし、キーホルダーやストラップ、マグネットにした商品です。

当時、個人向けの食品サンプルグッズはほとんどありませんでしたが、女子高生を中心に若者の間で、バッグや携帯電話をたくさんのアクセサリーで飾ることが流行していました。造形が美しく、珍しさもある食品サンプルグッズは、気に入られるだろうという勝算がありました。懇意にしていた千日前道具屋筋の看板店の軒先を借りて週に1回販売していたのですが、いつも完売でした。2011年には市内の別の場所にあった本社を道具屋筋に移転し、常設の店舗をオープンしました。

製造を手がけるようになったのもこの頃からです。後継者難を理由に仕入先の廃業が増えていました。このままでは技術が失われ、食品サンプルの文化がなくなってしまうのではないかと考え、取引先の工場から指導を受けて自社でつくれるようにしたのです。

2015年には、食品サンプル職人を育成するスクールを開きました。これまでの卒業生

本物さながらの食品サンプル

は50人以上です。職人として独立し、取引先として今でもつながりのある人が多くいます。卒業後、当社に入った人もいます。

## 見たこともない料理を再現

**――海外への輸出も行っていると聞きました。きっかけは何ですか。**

２０１５年ごろ、インドネシアにある料理店の経営者から、見たことも聞いたこともない料理の食品サンプルを頼まれました。当社のことはインターネットで知り、大阪旅行中に注文のため来てくれたのです。

料理の名前は忘れましたが、内容はよく覚えています。魚の胃袋が入ったスープ、白い団子を5個くらいのせた平麺の焼きそば、それと、揚げたかまぼこのようなものです。翻訳ソフトを使ったり料理の写真を見せてもらったりしながら、何とか注文内容を理解しました。その型をとるための料理の現物は、近所のインドネシア料理店につくってもらいました。その店の店主もインドネシア人でしたが、同じ料理であっても国のなかで地域差があるようで、再現に苦心していました。

依頼どおりつくれたのか不安でしたが、出来上がった商品を現地へ配送したところ、「ほかの店でも同じ料理を出しているが、食品サンプルがあるおかげで、お客がみんなうちに来てくれる」と感謝されました。

**――海外の珍しい料理のサンプルを製造する場合も、現物から型をつくるのですね。**

はい。その場合は、まず顧客に写真を用意してもらいます。そして、提携しているフードコーディネーターに、写真と見た目が同じになるよう料理を実際につくってもらいます。これにより食品サンプルの型をとるのです。

外国人とやりとりするに当たっては、無料の翻訳ソフトが発達していることに助けられています。「Ｇｏｏｇｌｅレンズ」や「ＬＩＮＥ」の翻訳機能を使って、リアルタイムで対話できるようにしています。こういった便利なツールがあることは、道具屋筋商店街青年部の方など、地域の懇意にしている人に教えてもらいました。近所にいる外国人の店主や店員さんに助けてもらうこともあります。さまざまな国の方がいる大阪ならではのことだと思います。

ただ、再現度を高めるために必要な細かな情報を、外国語の注文からつかむのは本当に難しいです。例えば、液体が垂れている様子を表す言葉です。日本語だと「したたる」「とろり」

「ぽたぽた」「どばどば」など、液体の粘度や量までイメージさせるようなさまざまな言い方がありますが、英語だと「ドリップ」一つで表現せざるを得ません。

盛りつける量を把握するのにも苦労します。ハンバーグ１５０グラム、ごはん１８０グラムなど、実際の料理の重さを詳細に教えてくれることがあるのですが、比重が異なる具材の重さをそのまま食品サンプルの重さに変換するわけにはいきません。また、「量は普通で」と言われることもありますが、その店の普通盛りがわたしたち日本人にとっては大盛りだということもよくあります。そのため、試作を重ね、オンラインで見せて会話しながら完成を目指します。

海外からの注文にはできる限り自社工場で対応しています。外注すると、間に何人も挟むことになるため、くみとったニュアンスがうまく伝わらないかもしれないからです。

## 海外らしいハプニングも

**――どのような方が購入されているのでしょうか。**

多いのは、インバウンドとして日本に来て食品サンプルを知った飲食店経営者です。現地では高級店と評価されている店が多い印象です。店頭陳列用やノベルティグッズ用として購入するケースがほとんどです。

イスラム圏の方からは野菜料理、米国やオーストラリアの方からは目玉焼きやウインナーを使った料理、欧州の方からは寿司をはじめとした和食の食品サンプルを依頼されることが多いです。

これまでに、タイ、スリランカ、米国、イタリアなど10カ国以上に販売してきました。アジアが大半ですが、国内に食品サンプル会社がある中国や韓国からの依頼は少ないです。多いときでは年商の3割を海外の売り上げが占めます。現在は、1カ月当たり約5件の注文があります。

**――印象に残っている依頼はありますか。**

一つは、インドの日系企業と協力し、チーズ入りカレーパンの食品サンプルを800個ほどつくったときのことです。インドではピロシキが普及していますが、カレーパンは一般的ではなかったので、混同を避けるため、中身が見えるよう二つに割った形のサンプルを完成させました。

問題はその後でした。税関を通るのに3カ月かかりました。食べ物ではないことの証明を求められたためです。食品サンプルになじみのないインドの税関職員からすると、食べ物らしからぬ硬さではあるのですが、それでも食べ物にしか見えなかったようです。このときはJETROに相談し、素材は塩化ビニールで食べられないことを説明した書類を税関に提出しました。

もう一つは、お化け屋敷に使う血のりです。鮮血の部分と時間が経ち黒ずんだ部分の色の違いを表現するのが難しいと、海外から依頼が来たのです。もはや食品ではありませんが、血や内臓が飛び散った様子を再現しました。このときは、赤身の魚肉や血合いの色をリアルに再現してきた経験が役に立ちました。

## 新興国の発展が追い風に

**――海外からの注文が途切れないのはなぜでしょうか。**

あらゆる料理について高い品質のサンプルを提供できるからだと思います。

実は、食品サンプル工場ごとに、和食が上手、スイーツが上手といった得意分野があります。できるだけ内製すると言いましたが、依頼内容に応じて、当社より優れた製品をつくれる工場があれば、迷わず外注します。取り次ぎを行っていた時代からさまざまな工場と関係を築いてきた当社は、料理に適した専門家を選び、力を借りられるのです。

　いまや中国、韓国、タイにも食品サンプルをつくっている会社があります。当社の製品価格は海外勢に比べて高いのですが、それでも売り上げを増やせているのは、良いものが欲しいという人が増えているからだと思います。背景にあるのは、アジアの新興国で富裕層が増加していることだと考えています。

　例えばタイです。健康志向が広がり、日本料理が流行しています。飲食店の出店要件に食品サンプルの展示を掲げる大型百貨店も現れました。そこで２０１９年、当社はタイのフード系の展示会に出展しました。

手応えを感じたタイでの展示会

**――手応えはいかがでしたか。**

食品サンプルの需要が今後も増えていくだろうと実感できました。

タイでは料理の現物を見本として店先に展示し、毎日廃棄する飲食店が多かったのですが、ＳＤＧｓが知られるようになり、環境に配慮した取り組みが求められるようになりました。そこで食品サンプルが注目されているのです。実際に、ソフトクリームのように現物はすぐ溶けてなくなってしまうものを中心に、注文が増えました。

また、高品質な食品サンプルに勝機があることも感じました。すでに食品サンプルを利用する飲食店も一部あったのですが、暑い国で、露店が中心です。現状では、多くの店が熱に強いレジンでできた食品サンプルを採用しています。塩化ビニール製に比べ透明感がなく、食品の再現度は低くなります。そうしたなか、「多少劣化が早くても、日本の刺身や寿司を忠実に再現したい」といった方がいることもわかりました。

当社はタイに食品サンプルの製造工場をつくる予定です。すでに場所は押さえています。将来的には、カンボジアなどの隣国に進出するための陸路のハブとしても活用していくつもりです。

**取材メモ**

同社が海外展開に成功した理由は、技術力が高かったということだけではない。顧客との食い違いを生まない丁寧な対応のスキームを準備していた。加えて、商店街の商売仲間やスクールの卒業生、協力工場などと良好な関係を築いていたからこそうまくいったのだ。

昭和の初めごろに日本で誕生した食品サンプル文化は、職人の高齢化やサンプルを置く店舗の減少などにより、衰退の危機にあった。「魅力あふれる食品サンプル文化を後世にずっと残していきたい」と熱く語る社長の倉橋さんは、グッズ販売により個人にターゲットを広げ、輸出により市場を拡大させた。さらに、多くの若い職人を業界に輩出してきた。同社の成長は、食品サンプル業界に明るい希望をもたらしている。

（白石　健人）

事例 10

# 世界の剣道人を支える道具店

天風堂

代表　田代《たしろ》 潤一《じゅんいち》

——企業概要——
代 表 者：田代 潤一
創　　業：1985年
従業者数：２人
事業内容：剣道具の販売・修理
所 在 地：佐賀県唐津市厳木町うつぼ木68-2
電話番号：0955(63)4528
Ｕ Ｒ Ｌ：http://tenpudo.com

田代潤一さんは、佐賀県唐津市で剣道具店を営む傍ら、世界約10カ国で剣道の普及活動を行ってきた。インターネットで気軽に剣道具を購入できる時代ではあるが、剣道人と直接会ってその選び方や扱い方を知ってもらうことを大切にしているという。年によっては100日以上も海外に出張し、各地で道具に関する相談に乗り、結果的に注文にもつながっている。海外展開の経緯や剣道の国際普及に向けた取り組みについてうかがった。

## 思い入れのある剣道を仕事に

**――お店について教えてください。**

剣道具の販売と修理を行っています。竹刀《しない》と道着《どうぎ》のほかに、手先から肘までを保護する小手、頭と顔を覆う面、胴体を守る胴、そして腰を守る垂《たれ》を取り扱っています。全国にある約5社のメーカーから既製品を仕入れて売っているほか、宮崎県の武道具メーカーと共同開発した小手、面、垂の3点セットをオーダーメードで販売しています。

使用する剣道人の熟達度によって最適な道具が異なるため、価格帯にはかなり幅があります。既製品の小手一つをとっても、素材が人工皮革か鹿革か、つくり方がミシン刺しか手刺しかなどの違いによって、7000円台から5万円を超えるものまでさまざまです。

オーダーメードの商品には、ランクの高いものから順に「勇」「仁」「智」の3種類があります。一番よく出る「仁」の価格は20万7350円です。

修理については、わたしがすべて行います。例えば小手の革の破損であれば、5000円くらいで受けています。

**――田代さん自身が剣道人であるそうですね。**

11歳から剣道を始め、48歳のときに八段を与えられました。現在、県内で6人しかいない段位ではありますが、わたしは末席を汚す者です。剣道の修行にゴールはありませんから、日々精進しています。

この店は1985年、わたしが30歳のときに始めました。その前はタクシードライバーとして勤めていましたが、一生の仕事にしたいとは思えず、ずっと大事にしてきた剣道にかかわることをしたいと強く思っていました。どうしたらよいか考え、真っ先に浮かんだのが剣道具店でした。そこで一念発起して、店を始めることにしました。

ただ、不安がありました。剣道具は剣道人にとって大切な財産であり、長く付き合いのあり信頼している店からしか買わない人が多いのです。店を開いても、お客さまが来てくれるかどうかわかりません。それでも、当店のある唐津市にはほかに道具店がなかったので、参入の余地はあると踏みました。

剣道具店というのは、ただ商品を棚に並べておけばよいわけではありません。道具選びの相談や修理に対応する必要があります。剣道歴が長いので道具の紹介や推薦はできるでしょうが、修理となると自信はありませんでした。そこで、剣道仲間に紹介してもらった道具職人の下で、３カ月ほど修理技術の習得に励んでから開業しました。
店をオープンしてしばらくは厳しい状況が続きましたが、１９９９年に海外に目を向けたことで事業が軌道に乗っていきました。

## 海外の剣道人の悩みに応える

**――どういったきっかけで海外展開を始めたのですか。**

１９９６年、恩師である範士八段の先生の海外講習会に随行したときにさかのぼります。この先生は２００２年まで全日本剣道連盟の常任理事を務め、長年、海外を飛び回ってきた剣道の国際普及に関する先駆者で、世界各地の道場からひっきりなしに招聘《しょうへい》の声がかかる方です。わたしも剣道普及の志をもっていたものですから、講師の一人としてついていったのです。

その際、現地の剣道人の、ある悩みを知りました。近くに道具店がないため、道具を手に取って吟味できず、試すこともできないので、自分に合った道具を見つけにくいというものです。道具を通信販売で購入する際は、自分で採寸し、サイズを選んで注文するのが一般的です。しかし、採寸するにしても、道具を選び慣れていない方にはなかなか難しいのです。加えて、サイズが合っていても、実際に使ってみるとしっくりこないということもよく起こります。技術は、自分に合った道具を使いこなすことと密接に結びつきます。わたしは何とか力になりたいと思いました。

そんなとき、随行していた先生から、現地に滞在する間に道具の世話をしてあげたらどうかとアドバイスをもらいました。それから準備を始め、3年後の1999年から、講習で海外に行くときには見本の剣道具を持参し、現地で剣道を教える傍ら、道具についての相談に乗るようになりました。

**――これまで、どのような国に行きましたか。**

英国やフランス、イタリアなど欧州を中心に、約10カ国で講習会を行ってきました。10年ほど前から、英国の一部とオーストラリアでの指導はわたしに一任されており、定期的に一人で通っています。

一つの国に行くと、だいたい3～4カ所の道場を、それぞれ1～2週間ずつ稽古をして回ります。オーストラリアは、以前シドニーとメルボルンだけでしたが、メルボルンの道場にいた人がブリスベンに転居して道場を構えたため、そこも回ることになりました。普及活動により育てた剣道人が道場を増やしてくれていることは、指導者冥利《みょうり》に尽きます。

海外に長く滞在しているので、国内の店はどうしているのかと思われるかもしれません。コロナ禍以前には1年の3分の1程度、海外に出ていた年もありました。しかし幸いといってよいのか、当店は毎日ひっきりなしにお客さまが訪ねてくるわけではなかったので、常にわたしが店頭にいなくてはいけないということもありません。妻に店番を頼み、修理なら預かっておくこともできます。そのため、気兼ねなく海外に長期間出張できるというわけです。

海外での普及活動の結果、現地の剣道人が日本の当店に注文してくれるケースが増えました。現在、売り上げの約半分は外国人からの注文です。

## 最適な道具を見繕う

**――道具についてはどのようなことを教えているのですか。**

主に二つあります。一つ目は、道具の扱い方や手入れの仕方です。長持ちするように、道着など洗えるものは洗い方について、洗えないものは日頃の保管方法などを教えます。

道具を長く大切に使うことも、剣道の精神の一つです。破れたらふさぎ、色が薄くなったら染め直す。消耗したらすぐに買い替えるのではなく、直して長く使ってもらいたいのです。そういった修理が必要になった際は、わたしの店に送ってもらっています。

とはいえ、日本に送るにはお金や時間がかかります。そこで、海外の剣道人のために修理セットをつくり販売しています。革に両面テープを貼り、5センチメートル角や10センチメートル角などに切って使えるようにしたものです。修理の技術をもった専門家でないと革を縫うのは難しいですが、多少の修繕であれば剣道人が自分で破れた箇所をふさぎ、簡単に直せるようにしているのです。

**——教えていることの二つ目は何ですか。**

自分に合う道具の選び方です。さまざまな道具を見たり、実際に身につけてもらったりしながら、自分にちょうどよい道具とは何かを知ってもらうサポートを

笑顔があふれるカタールでの指導

行っています。講習会を行う道場の後ろの方に長机を設置し、道具を見本として並べておきます。主に稽古の休憩時間を利用して、一人ひとりの骨格を見ながら採寸の仕方を指導するなど、道具の相談に乗ります。

見本となる道具は、わたしが日本から持っていきます。２０２２年11月にオーストラリアに行った際は、スーツケース２個に、小手を中心に道具をぎっしり詰めました。日本人よりも体格の大きい人が多いので、Ｌ、ＸＬ、ＸＸＬなどと大きめのサイズを用意するようにしています。

また、価格を問わず、さまざまなメーカーのものを持っていきます。剣道人にはできるだけ良質な道具を使ってほしいと思っています。ただし、高価であれば品質が良いというわけではありません。わたしは低価格でも高品質であれば、積極的に取り扱っています。結果的に道具の買い替えを検討することになれば、予算もあるでしょうから、あらゆるメーカーの、価格帯もさまざまな道具を比べてもらうのです。

**――海外と取引するなかで、トラブルはありませんでしたか。**

商品そのものではありませんが、代金の支払いに関するトラブルが一度だけありました。

オーダーメードの道具一式を販売したときのことです。お客さまは早く使いたいだろうと考え、入金を待たずに商品を発送しました。すると一部しか入金されず、売り上げが回収できなくなったのです。本人と連絡がとれなかったため、その剣道人が所属している道場の責任者に相談しました。ところが、購入の契約は個人の問題なので関与しないと言われてしまいました。

日本の道場では師弟関係が大事にされます。師匠は技術面のみならず、時に生活面まで指導しますし、弟子も師匠の顔をつぶすようなことはしないのが普通です。そういった日本の常識が通じなかったことに驚きました。それ以来、入金を確認してから発送するようにしています。

## 海外との交流で地元を活性化

### ――海外の剣道人が日本に来るケースもあるのでしょうか。

２０１７年に、英国で交流のあった剣道人13人を唐津市に招き、３泊４日の合宿を開催しました。隣町の小中学生と一緒に剣道の稽古をする機会を設けたほか、地元の夏祭りに参加してもらったり、書道の体験会を行ったりもしました。青竹を割って、地元の人々も交えて昔ながらの流しそうめんも体験してもらいました。

　このような文化交流に力を入れるのには、二つのねらいがあります。一つは、稽古の一環として、海外の剣道人に日本文化に触れてもらうことです。剣道では練習のことを稽古と呼びます。稽古という言葉には、反復して習得することに加えて、いにしえを考えるという意味があります。そのため海外の剣道人には、剣道の精神が培われてきた日本の歴史や文化を知ってもらうことを大事にしています。

　もう一つのねらいは、地域の活性化です。ここ唐津市は若い人が市外へ流出し、高齢化が進んでいます。わたしが海外で築いた関係を活用し、何とか地元を盛り上げられないかと考えたのです。そのためこのような文化交流を、2、3年に1回は開催していきたいと思っています。今はコロナ禍で中断していますが、再開に向けて準備を進めています。

海外展開の決意を店先ののぼりに

**――今後の展望を教えてください。**

コロナ禍によって海外の道場に行きにくくなったことは、かなりの痛手でした。剣道を普及したいという思いをかなえられない状況はとても苦しく、先がみえずに店を畳もうかと思ったこともあります。

そんななか、2022年の初めに、海外から航空便で、使い込まれた小手が送られてきました。以前、当店で小手を買ってくれた剣道人からで、修理してほしいとの手紙が添えられていました。すり切れて色あせた小手を見たとき、わたしが海外で教えてきた、道具を大切に使うといった剣道の精神が、きちんと伝わっていたのだと感じました。

世界のどこかに当店を必要としてくれる剣道人がいる以上、店はやめられないと決意を新たにしました。できるだけ長くこの仕事を続け、剣道の普及に貢献していきたいです。

**取材メモ**

田代さんは剣道を普及させるために訪れた海外で、自分に最適な道具に出合えていない剣道人が多くいることを知り、道具に関する需要があることを機敏にとらえた。剣道の教授を求められれば、世界のどこへでも、道具を携えて飛ぶ。じかに剣道人の手や体格を見ながら、道具の選び方を教え、海外の剣道人を道具の面からも支えてきた。

　店先には「ここ唐津から世界へ」と書かれたのぼりがある。海外で普及活動を始めた頃、知り合いの書家にしたためてもらったのだそうだ。田代さんは剣道の普及のために世界各地で活動する一方で、海外から剣道人を招致して地元の人々と触れ合う機会をつくっている。剣道を通したグローバルかつローカルな交流が、田代さんの周りに育まれている。

（笠原　千尋）

事例 11

# 世界の子どもたちに日本のアニメを

㈱ピコナ

代表取締役　吉田《よしだ》　健《けん》

——企業概要——

代 表 者：吉田　健
創　　業：2009年
資 本 金：1,000万円
従業者数：20人
事業内容：アニメーションの制作
所 在 地：東京都渋谷区千駄ヶ谷3-3-8 第5スカイビル311
電話番号：03(6384)5965
U R L：https://picona.jp

日本のアニメ業界は、以前から作品の販売や共同制作を通じて、海外に展開してきた。近年、海外スタジオを開設するなど展開が加速しているが、その担い手のほとんどは規模の大きな会社である。そうしたなか、東京都渋谷区の㈱ピコナは、小規模なアニメスタジオでありながら、自ら企画したアニメを国際見本市に持ち込み、共同制作の相手を獲得するなどしている。海外市場にかける熱意を、社長の吉田健さんに聞いた。

## 手描きのような3DCG

### ――事業内容を教えてください。

3次元コンピューターグラフィックス（3DCG）を使ってアニメーションを制作しています。テレビシリーズや映画を中心に、ゲームや遊技機に使われるムービーも手がけています。規模の大きなアニメスタジオがつくるアニメの一部を受注する下請けがメインでしたが、最近ではアニメ1話分の制作を丸ごと受けるグロス請け、動画配信サービス事業者のプロジェクトのほか、オリジナル作品の企画・制作も行っています。

強みは、セルルック3DCGと呼ばれる手描きのような3DCGがつくれることです。アニメーション作品と呼ばれるものは、絵のタッチにより、おおまかに二つに分けることができます。一つが、世界で主流になっているフォトリアル作品です。ディズニーやピクサーなど海外のスタジオがつくる最近の作品をイメージするとわかりやすいでしょう。全編で3DCGを使った写実的なアニメです。もう一つが、セルルック作品です。手描きの絵やセルルック3DCGを使って制作します。

セルルック作品の制作は日本が得意とする分野です。これには訳があります。漫画文化が発展している日本には面白い漫画がたくさんあり、それらをアニメ化することが多いのです。国内初の連続テレビアニメである「鉄腕アトム」に始まり、今日の「ドラえもん」「ワンピース」などよく映画化される人気タイトルの多くがそうです。手描きの漫画を再現するため、アニメづくりも手描きの作画を中心に発展してきました。

## ――なぜ手描きの絵ではなくCGを使おうと思ったのですか。

その方が効率的だからです。３ＤＣＧには、手描きにはない利点が二つあります。一つはやり直しやすいことです。例えば、キャラクターの衣装を変更するときです。手描きではほぼ一からやり直さなければなりません。ＣＧではキャラクター本体と洋服や帽子、靴などを別々につくって組み合わせるので、パソコンの操作一つで着せ替えられます。

もう一つが作成したモーションを使い回せることです。例えば、１００人が一斉に走るシーンがあるとします。数体の３ＤＣＧモデルの走る動きを完成させ、それをほかのキャラクターにコピーして１００人にします。このように、手描きだと面倒な作業でも３ＤＣＧなら簡単にできます。

これらのメリットは、創業に当たり米国の有名なアニメスタジオを見学したときに知りました。手描きではなくCGを使って効率良くアニメをつくっていました。加えて、従業員は非常にクリエーティブな仕事をしつつ、定時に帰っていました。そうした姿を見て、CGでアニメをつくる時代が来ると確信しました。

勤めていたゲーム会社を退職したわたしは、デジタルハリウッド大学や東京藝術大学大学院でCGやアニメーションの技法を学びました。契約の方法や著作権など作品をプロデュースすることに必要な知識も習得することができました。そして2009年、当社を設立したのです。

## 子どもが楽しめるアニメを

**――どうしてアニメスタジオを始めようと思ったのですか。**

子どもの頃にアニメを見て感動し、アニメづくりを仕事にしたいと思っていたからです。そのため、創業前から子ども向けのオリジナルアニメの企画を練っていました。しかし、現実は思ったより厳しいものでした。

夜中に放送される大人も楽しめるようなアニメは増えていたのですが、朝や夕方に放送される子ども向けのアニメは少なくなっていきました。加えて、オリジナル作品も減っていました。売れている漫画や小説をアニメ化した方がヒットを見込めるからです。設立して間もない当社が新作を企画しても通らないでしょうし、出資者を集めることも難しかったため、地道に国内企業の下請けをこなして力をつけていきました。

転機となったのは、2016年、英国のアニメスタジオから共同制作のラブコールを受けたことです。「ｍｅｌｏｄｙ ｍａｋｅｒｓ」という、ピアノやバイオリンなど楽器のキャラクターたちが音楽に合わせて動き回る作品を企画していて、未就学児向けに絵本のような作風にしたいとのことでした。当社は手描きの作画に慣れた日本のファンに受け入れてもらえるよう、セルルック3DCGの技術を磨いてきました。当社の過去の作品を見た英国のスタジオが、技術を見込んで依頼してきたというわけです。

テレビ番組としての採用を目指すため、また、技術力の高さを世界中に示すためにも、フランスで開かれるＭＩＦＡやＣａｒｔｏｏｎ Ｆｏｒｕｍなどアニメの国際見本市で、共同制作したｍｅｌｏｄｙ ｍａｋｅｒｓのデモムービーを披露しました。

**――見本市に出てみてどうでしたか。**

感じたのは、アニメーション作品は子どもが見るものというイメージが強く、子ども向けの市場が大きいことです。また、温かさやけれん味があるセルルックの表現も好まれることがわかりました。わたしは、海外の方が子ども向けオリジナルアニメの企画を実現しやすいのではないかと思うようになりました。

その後も海外の見本市に積極的に出展するようにしました。ＭＩＦＡにはほぼ毎年参加しているほか、米国のＫＩＤＳＣＲＥＥＮ ＳＵＭＭＩＴ、中国のＭＩＰＣＨＩＮＡ、シンガポールのＡＴＦ、フランスのＭＩＰＪｕｎｉｏｒ、Ｍｉｐｃｏｍなど、世界的に有名なイベントに出展を重ねています。

学びの多かった国際見本市

**――海外の見本市に頻繁に参加するのは、費用などの負担が大きいのではないですか。**

初めてフランスのＭＩＦＡに出展したときには、東京都の支援を受けました。アニメスタジオの海外展開を推進していた東京都はパビリオンを設けており、そこに当社がブースを設置し、海外のバイヤーと商談しました。

また、短い時間で企画のプレゼンテーションを行うピッチセッションにも、東京都の費用負担で参加しました。それ以降の出展には、映像産業振興機構（ＶＩＰＯ）による補助金を活用しています。

文化庁のアニメクリエーター育成プログラム「あにめたまご」を活用し、「Ｍｉｄｎｉｇｈｔ Ｃｒａｚｙ Ｔｒａｉｌ」という作品をつくったこともあります。16歳の魔女のマキナが、花嫁修業に来たロンドンを舞台に、魔法を捨てて普通の女の子になろうとする物語です。自分の個性とどのように向き合い、どう受け入れるかが作品のコンセプトです。海外展開に理解のある監督や、海外でも精力的に活動する声優に協力してもらい、２０１８年に完成させました。

作品に対する反応は国によりさまざまです。Ｍｉｄｎｉｇｈｔ Ｃｒａｚｙ Ｔｒａｉｌの場合ですと、中国人は自分との向き合い方というテーマに共感していました。他方、フランス人にはビジュアルが受けていました。

## 日本とのギャップを実感

### ――海外向けの作品づくりで気をつけていることはありますか。

子ども向けであっても複雑でドラマチックなストーリーであるのが日本のアニメの特徴です。ただ、海外の子どもに向けては、シンプルな内容が好まれます。

欧米諸国では、幼児向けのプリスクール、3歳以上のキッズ、10歳代前半向けのローティーン、10歳代後半向けのハイティーン、大人向けのアダルトと、対象年齢に応じた明確な区分があります。実は、Midnight Crazy Trailはローティーン向けにつくったつもりでしたが、海外の人にとってはストーリーが難しいという理由で、ハイティーン向け作品として扱われました。

また、日本の小学生が夢中になるようなアニメが、海外では大人向けととらえられていたり、年齢制限がかけられたりすることが少なくありません。子ども向け作品に対する海外の規制は厳しいです。例えば、血が出るような暴力行為や喫煙のシーンは使えません。女性を描く際は、腰のくびれを強調しないようにしたり、露出を控えたりしなくてはなりません。

国内で放映済みの作品を海外で全年齢向けに展開するため、わざわざつくり直すという話も聞きますが、十分な売り上げが見込める人気作でなければそこまで手間はかけられません。海外の子どもに見てもらいたいなら、最初から表現の規制を意識し、描写に細心の注意を払って制作する必要があります。

このほか、人種や宗教への配慮も大事です。黒人や白人、黄色人種などを分け隔てなく登場させる必要があります。また、単なる十字マークでも、特定の宗教をやゆしているとみなされることもあります。こうしたことは、海外の共同制作のパートナーや見本市のセッションで知り合った業界人から教えてもらいました。

**――作品づくり以外の場面で苦労したことはありますか。**

自社や作品の特徴について、見本市の限られた時間で理解してもらう必要があります。そこで、シンプルに話をまとめ、相手の心を素早くつかめるようにするため、プレゼンテーションの研修に参加して、ピッチセッションの特訓をしました。

こうした取り組みが功を奏したのか、少しずつ引き合いが増えてきています。今はカナダの会社と共同制作の覚書を交わし、作品づくりを進めているところです。

## 夢の実現に向けて

**――新作はどういった内容ですか。**

タイトルは「SAMURAI PIRATES」です。人気アイドルのエンが、5人の仲間とともに、人の心に潜む悪意から生み出されたONIを退治し、捕らわれた父親を助け出すまでの旅を描いたキッズ向けのアニメです。

子どもたちに向けて、出来心に負けず力強く生きてほしいというメッセージを込めました。ストーリーは単純明快で、キャラクターの目や肌の色もさまざまです。

**――今後の展望を教えてください。**

現在は、制作費の確保に力を注いでいます。共同制作のパートナーは、カナダの補助金を活用して資金調達したようです。カナダのほか、国際共同制作で日本の先を行く中国や韓国では、アニメ制作のための補助金制度が充実しています。日本では基本的に自ら出資者を募る必要がありますが、これがなかなか大変です。

日本で一般的な、何社も集まり製作委員会をつくって出資する方式は、海外展開の際に足かせとなるケースがあります。権利関係が複雑になるためです。権利関係をスムーズに処理できるよう、出資者の数はできるだけ絞りたいのですが、そうすると製作委員会方式に比べ1社が負うリスクは大きくなるため、尻込みされてしまうのです。

今回の総制作費が一般的な日本のアニメ制作費である2億円から3億円であるのに対し、海外でつくられるアニメの平均的な制作費は10億円かそれ以上です。とはいえ、その分品質が高いかというと、そうでもありません。日本のアニメスタジオに海外と同じくらいの予算があればもっと良いものがつくれるはずです。

日本のアニメは、ストーリーの構成が巧み、つくり込みがすごい、などと評価されています。当社も国内で培った技術を生かして質の高いアニメをつくり、それを見た海外の子どもたちが毎日楽しく過ごせるよう、歩みを進めていきます。

海外市場のニーズを反映した新作

取材メモ

吉田さんは英国のアニメスタジオとの共同制作をきっかけに、海外の子ども向け市場の大きさに着目した。例えば、5歳未満の子どもの数は北米だけで2000万人以上と日本の5倍近い。ビジネスチャンスとみるや、国際見本市に出展を繰り返し、市場のニーズをとらえた作品を生み出していった。

子どものためにオリジナルアニメを制作するという夢に近づくことができたのは、同社が競争の激しい国内で技術を磨いていたからである。海外では、日本のアニメは高品質であると評価されている一方、視聴者はいわゆるオタクが中心であると吉田さんは言う。海外の動画配信サービス事業者が、日本のスタジオに大人のオタク向けの作品しか頼まなくなりつつあると感じているそうだ。子ども向け市場を切り拓くことでそうした状況を変えたいと語る吉田さんの活躍は、日本のアニメの可能性をさらに広げていくだろう。

（白石　健人）

事例 12

# 親子3代で楽しめるけん玉文化を海外に

㈲山形工房

代表取締役　梅津《うめつ》 雄治《ゆうじ》

──企業概要──
代 表 者：梅津 雄治
創　　業：1973年
資 本 金：800万円
従業者数：12人
事業内容：けん玉の製造販売
所 在 地：山形県長井市寺泉6493-2
電話番号：0238(84)6062
U R L：https://www.kendama.co.jp

㈲山形工房は、国産の木材でつくったけん玉を海外の46カ国に輸出してきた。昔ながらの日本のおもちゃというイメージが強いけん玉だが、社長の梅津雄治さんによると、海外では日本とは異なる楽しみ方で人気を博しているという。同社が海外展開を行った経緯と、海外のユーザーに伝えようとしている思いをうかがった。

## けん玉を国内外で販売

**――けん玉をつくっているとうかがいました。**

当社は、地元である山形県長井市の豊かな木材資源を活用し、1977年に競技用けん玉の製造を始めました。主力製品は「大空」です。

競技用けん玉とは、けん玉競技の活性化を推進する公益社団法人日本けん玉協会が認定したけん玉のことです。級、段位の認定試験や全国各地で行われる大会で、プレイヤー同士の公平性を保つため、規格が定められているのです。

大空の価格は2000円程度で、玩具店やスポーツ用品店、学校などに販売しています。また、当社のインターネットショップを通して個人で購入する方も多いです。認定試験や大会に限らず幅広いシーンで使用されています。例えば、大みそかの歌番組では100人以上が連続でけん玉の大皿に玉をのせるリレーイベントが放送されましたが、そこで使われたのも大空です。

**――けん玉の楽しみ方が広がっているのですね。**

けん玉というと民芸品や子どものおもちゃといったイメージがありますが、今は技を見せるようなイベントが国内外で数多く開催されています。ワールドカップもあり、若者を中心に世界的にプレイヤーの数が増えています。正確なところはわかりませんが、国内に300万人、それを上回る数が海外にはいるといわれています。当社のけん玉も、欧米やアジアなどで活躍する多くの海外プレイヤーに愛用されています。

けん玉の技は長い歴史のなかで増えていき、いまや3万種類以上あります。もっと難しい技を決めたい、新しい技を開発したいと考えるプレイヤーも多くいます。

## ストリート文化になじむ

**――いつから海外展開を始めたのですか。**

海外に目を向けるようになったのは、わたしが入社した2008年ごろからです。ちょうどその時期に、海外から「けん玉で遊びたいので売ってほしい」「山形工房のけん玉をうちの店で販売させてほしい」といった問い合わせが増えていました。

なぜなのか不思議に思い調べたところ、海外の有名なプロスキーヤーが、スキーをしている映像に加え、けん玉で遊んでいるところを収録したプロモーションビデオを発売したことがきっかけだとわかりました。それを見て興味をもった人が、土産品として持ち帰られたり、商社を通して現地で販売されたりしていたけん玉のなかから、品質の高い当社のけん玉に目をつけたのです。

海外のけん玉シーンを牽引《けんいん》したのは、スケートボードや自転車ＢＭＸなどエクストリームスポーツを好む10歳代から20歳代の若者です。けん玉はポータブルで専用の場所がなくてもできますし、動かすのに電気も要りません。ストリート文化にうまくなじんだのです。短くてけん玉をプレーしている様子はＳＮＳや動画投稿サイトですぐに共有できます。短くてインパクトのある動画は広まるのも早いです。人気の動画を見て、アクロバチックな技の数々にわたし自身とても驚きました。多くのファンを抱えるけん玉プレイヤーやチームも数多く存在します。海外での注目度はまだまだ高くなると考え、本格的に輸出に乗り出したのです。

**――輸出はスムーズにいきましたか。**

海外との取引を進めるのは簡単ではありませんでした。特に苦労したことが二つあります。

一つは、日本と海外のニーズの違いです。当初は国内向けにつくっていたけん玉をそのまま海外で販売していましたが、現地のニーズには必ずしも合っていませんでした。

例えば、海外の人は派手な見た目のけん玉が好きです。そこで、玉のカラーバリエーションを増やしたほか、単色だけでなくツートンカラーや、十二支やサクラの花など日本らしい柄をあしらったものもつくりました。また、海外のプレイヤーは、技も派手なものを好みます。玉が大きく動いた後でも皿やけん先に収まりやすいように、摩擦力の強い塗料を玉に使用したものもつくるようにしました。

海外の大会では、必ずしも日本けん玉協会の認定けん玉を使う必要はありません。けん玉は皿や玉の穴を少し大きくしたり、軽量化を図ったりすることで技が決まりやすくなります。アクロバチックな技を出しやすいようにバランスを調整して開発したのが「大空ＲＥｓｈａｐｅ」です。

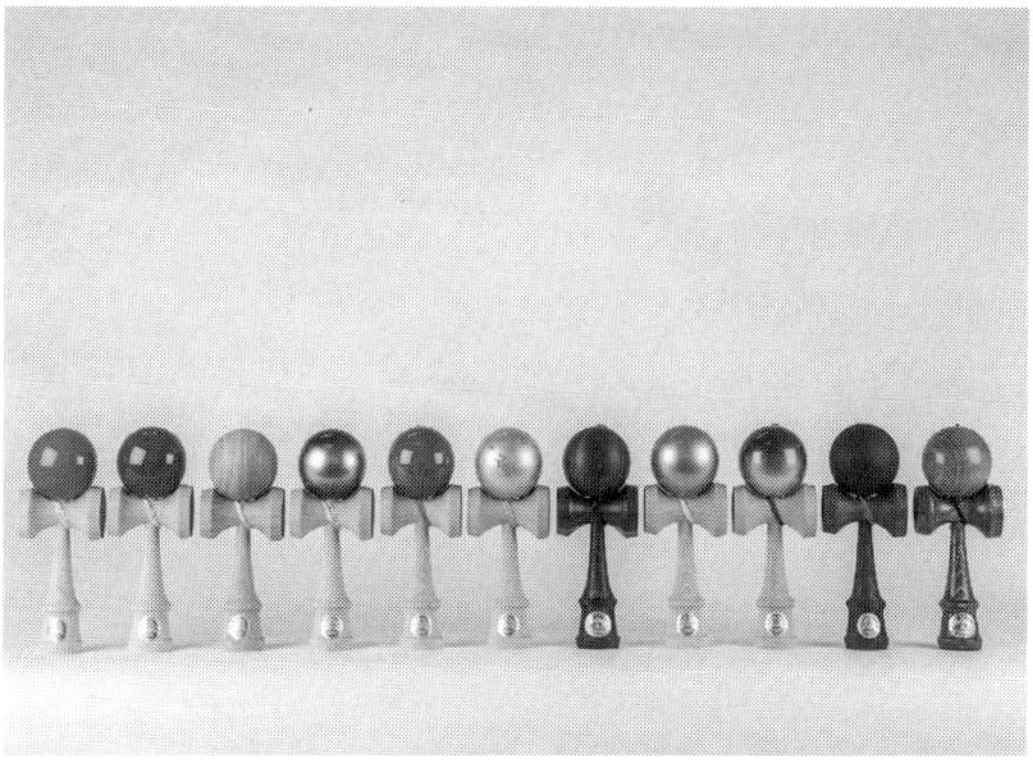
デザインの種類豊富な「大空」

ただ、軽量化を図ると耐久性が落ち、玉が当たると皿やけん先が欠けてしまうことがります。そこで、強度を高めるため、地元の森林組合と製材業者と協力して耐久性に優れた木材を厳選し、高品質な国産のブナやサクラを安定的に確保する体勢を整えました。

**――もう一つの苦労したことは何ですか。**

流通の手続きについてです。けん玉を輸出するに当たり、税関でスポーツ用品として登録するか、玩具として登録するかは判断が難しいところです。わたしは、小さい子どもにも手に取ってもらいたいと玩具としての輸出を考えました。

ただし、主要な販売先である米国に玩具を輸出するには消費者製品安全改善法の規制に準拠する必要がありました。基準を満たしていることを証明するには、第三者機関による試験を受けなければなりません。国内の外資系輸出仲介業者を通して香港の機関でチェックを受

現地のプレイヤーの声に耳を傾ける

け、安全基準を満たしていることの認証を取得しました。

また、海外では模倣品によるリスクもあります。販売機会の損失や粗悪品によるブランドイメージの低下といった問題がありますが、最大のリスクは模倣品で事故が起き、当社が賠償請求されてしまう事態です。

これらを防ぐために、国際弁理士に依頼し、米国や中国、欧州連合などで商標登録を取得しました。また、万一の事故があった場合でもすぐに対応できるよう全世界を対象にした海外生産物賠償責任保険に加入し、安心して販売できるようにしました。

輸出を始めた当初はわからないことだらけで、自分たちでは気づけないようなリスクもあります。そんなときに頼りになったのが、現地の販売先です。法改正の動きや輸出業者が実際に遭遇したトラブル事例などを教えてくれました。今でも綿密にコミュニケーションをとって、何か問題になりそうなことがあれば、事前に対策をしています。


**――輸出に取り組んだ成果を教えてください。**

これまで46カ国の玩具店やスポーツ店に販売してきました。当初は米国が中心でしたが、最近は中国やアジアにも広がってきています。年による変動はありますが、海外での売り上げが全体の4分の1を占めることもあります。さらに、海外で注目されたエクストリームスポーツとしてのけん玉の遊び方が日本の若者の間でもはやり、国内の販売数も大きく増加しました。

けん玉の製造工程は50から60あり、当社では職人が一つ一つ手作業で仕上げています。生産量を増やすためには従業員の増加が不可欠でした。一人前に育てるには時間がかかります。新たに迎えた従業員に経験者はいませんでしたが、各製造工程の習熟度を数値化する当社独自のマイスター制度を用いてしっかり技術を身につけてもらいました。わたしが入社した２００８年では2人だった従業員数が現在では11人になりました。長い目で従業員を育成してこられたのは、国内外で安定して販売数を増やせたからです。

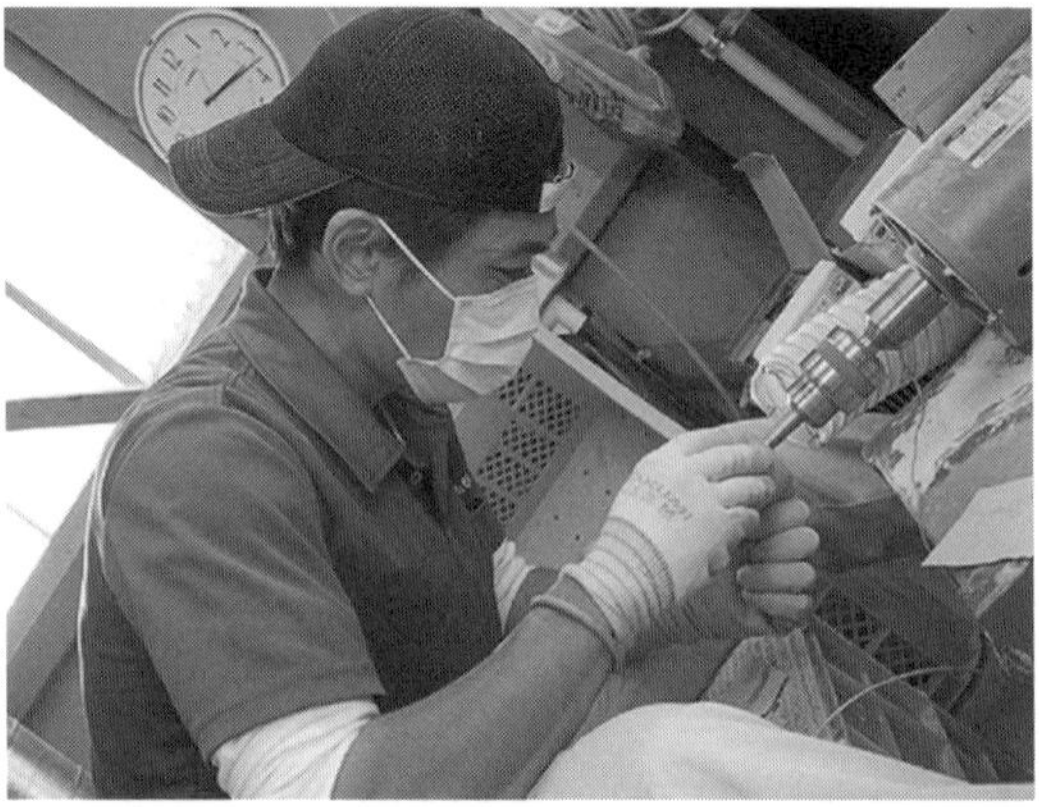
一つ一つのけん玉を丁寧に仕上げる

また、けん玉一つ当たりの付加価値を高めることもできました。当初、ほとんどの製品の価格は１０００円程度でしたが、今では２０００円程度になりました。４０００円を超える商品もよく売れています。プレイヤーの声をもとにデザインの種類を増やし、塗料を変え、ロゴを刻印したりと改良を重ねるたびに価格に反映させていきました。

価格は日本と海外で同じにしています。日本では、製品を改良したからといってすぐに値上げをするのは難しい面がありますが、海外では良いものであればそれに見合った価格を払うべきだという考え方が一般的です。海外で販売していたからこそ、改良点や市場動向などを丁寧に説明して回って、国内でも価格を上げていくことができました。

販売数、単価ともに高められたことから、売り上げは海外展開を本格的に始めた２００８年から現在までに約15倍に増やすことができました。

## 本来の遊び方を伝える

**――国内外でけん玉がエクストリームスポーツとしてはやることで大きな成果を得られましたね。**

けん玉がエクストリームスポーツとして親しまれるのは喜ばしい限りです。一方で、少し残念に思うこともありました。２０１３年ごろからハワイの子どもたちの間で爆発的なけん玉ブームがありました。夢中になって激しい動きをし、あまりの熱狂ぶりから「けん玉禁止令」を出す学校が続出するほどでした。

ブームが終わった２０１６年、わたしは、その後ハワイでけん玉がどうなったか確認するため現地を訪れました。年配の女性にけん玉を見せながら話を聞くと「けん玉は若い人がするもので、とてもじゃないけどわたしはできない」と、日本でたとえるならば年配の人がスケートボードを勧められたような反応で敬遠されてしまいました。けん玉に熱中する若者がいる一方、けん玉に必ずしも良いと限らない印象をもつ大人も少なからずいます。

本来、けん玉は親子３代で楽しく遊べるものです。当社は、少ない動きで技を決められるように皿を大きくした福祉用けん玉もつくっています。子どもから大人まで自分に合った楽しみ方ができるのがけん玉の魅力の一つなのです。

**――今後の展望を教えてください。**

老若男女誰でも楽しめるけん玉文化を国内外に伝えていきたいと考えています。２０１７年には、けん玉アプリの配信を始めました。アプリを通じて、けん玉の基本的な使い方や技の解説動画を見ることができます。当社のけん玉を買ってくれたすべての人に使ってもらえるよう、ダウンロード用の2次元バーコードをパッケージに印刷しています。

当社のある長井市では、小学校での授業や公民館でのけん玉教室など誰でもけん玉ができる文化が育まれてきました。町おこしとして簡単なけん玉の技を成功させると宿泊施設や飲食店で割引やプレゼントがもらえる「けん玉チャレンジ」も行っています。けん玉は日常のちょっとした場面で楽しむことができるのです。

エクストリームスポーツとしてけん玉が海外で注目されている今だからこそ、子どもから大人まで手軽に楽しめるけん玉の使い方を世界中に伝えていきたいです。

**取材メモ**

梅津さんは海外でけん玉ブームに火がつき始めたのを見逃さず、現地のニーズを取り入れ、流通体勢を整えた。さらに、「海外で注目されれば、国内でも反響があるはずだと思っていました」と話す梅津さんのねらいどおり、エクストリームスポーツとしてのけん玉を楽しむ人は国内でも増加し、同社は売り上げを着実に増やしていった。

けん先と小皿の間を指して「ここに玉をきれいに止めるプレイヤーもいるんですよ」

と梅津さんはうれしそうに難易度の高い技の解説をしてくれた。けん玉がエクストリームスポーツとして発展していくのを喜ぶ一方、「ただ、見せる人と見る人が完全に分かれた遊び方だけになってしまうのは少し寂しいですね。けん玉は老若男女誰でも仲良く一緒に楽しめるものですから」とも語る。

動画投稿サイトをみると、簡単な技を丁寧に紹介する同社の動画が見つかる。年を重ねてからも子どもや孫と一緒に楽しむ、昔ながらの日本の遊び方が海外に伝われば、けん玉はより多くの人に親しまれるだろう。商品だけでなく、文化を伝える大きな目標に向かって同社は挑戦しているのだ。

（篠崎　和也）

日本文化を世界へ　中小企業のソフトな海外展開

---

2023年10月20日　発行（禁無断転載）

編　者　日本政策金融公庫
総合研究所

発行者　脇　坂　康　弘

---

発行所　株式会社 同 友 館
〒113-0033 東京都文京区本郷3-38-1
本 郷 信 徳 ビ ル 3F
電話　03(3813)3966
FAX　03(3818)2774
https://www.doyukan.co.jp/
ISBN 978-4-496-05669-7

---